KB220617

기독교 번역,
나도 한다

모든 인간은 하나님의 형상을 닮은 존엄한 존재입니다. 전 세계의 모든 사람들은 인종, 민족, 피부색, 문화, 언어에 관계없이 존귀합니다. 예영커뮤니케이션은 이러한 정신에 근거해 모든 인간이 존귀한 삶을 사는 데 필요한 지식과 문화를 예수 그리스도의 사랑으로 보급함으로써 우리가 속한 사회에 기여하고자 합니다.

기독교 번역, 나도 한다
펴낸 날 · 2010년 12월 15일 | 찍은 날 · 2010년 12월 10일
지은이 · 김 동조 | 펴낸이 · 김승태
등록번호 · 제2-1349호(1992. 3. 31) | 펴낸 곳 · 예영커뮤니케이션
주소 · (136-825) 서울시 성북구 성북1동 179-56 | 홈페이지 www.jeyoung.com
출판사업부 · T. (02)766-8931 F. (02)766-8934 e-mail:edit1@jeyoung.com
출판유통사업부 · T. (02)766-7912 F. (02)766-8934 e-mail:sales@jeyoung.com

copyright ⓒ 2010, 김동조
ISBN 978-89-8350-743-3 (03250)

값 7,000원

기독교 번역,
나도 한다

김동조 지음
이영훈 추천

기독교 번역에 관한 모든 것
Principles of Christian Translation

예영커뮤니케이션

감사의 글

사역의 모범이 되시는 부모님께
이 책을 헌정한다.

이 책이 출간되기까지 끊임없이 격려해 준
나의 아내 심은경 전도사와 나의 두 딸 수현이 주은이에게도
감사의 마음을 전한다.

나의 문서사역을 적극적으로 후원해 주시는
재아동산교회 성도들에게 감사드린다.

마지막으로,
지금도 전 세계 곳곳에서 기독교 서적을 번역함으로써
하나님께 영광을 돌리는
기독교 전문 번역가들에게 이 책을 바친다.

추천사

사도행전 1장 8절에 보면, "오직 성령이 너희에게 임하시면 너희가 권능을 받고 예루살렘과 온 유대와 사마리아와 땅 끝까지 이르러 내 증인이 되리라"는 말씀이 있습니다. 어디에 있든지 우리 믿는 자들은 온 천하에 다니며 만민에게 복음을 증거하라는 주님의 명령을 따라 살아야 합니다.

그런데 이 지상명령을 수행함에 있어서 가장 중요한 것 중의 하나가 바로 그 나라말로 복음이 번역되어 전해지는 것입니다. 기독교는 말씀의 종교이기 때문에 선교 역시 번역을 통해 이루어집니다. 미국에서 목회와 학업을 병행할 때 가장 절실하게 느꼈던 것 중의 하나가 바로 기독교 번역의 중요성이었습니다. 오래전 일이지만 신학교 사역을 할 때에도 오순절 신학 정립을 위해 꼭 필요한 책을 출간하고자 번역에 참여한 적도 있습니다.

이번에 아르헨티나에서 선교 사역을 하시는 김동조 목사님께서 『기독교 번역 나도 한다』라는 책을 집필했다는 소식은 더없는 기쁨입니다. 김동조 목사님은 조용기 원로목사님의 서적들을 스페인어로 번역 및 발간하는 사역을 담당하고 있는 자랑스런 순복음의 젊은 사역자이기도 합니다.

글로벌 시대를 맞이하여 언어의 장벽이 점점 무너지고 국경을 넘어 전 세계를 무대로 사역하는 이 시대에 기독교 번역은 굉장히 중요한 사역이라고 생각합니다.

이 책을 통해 새로운 기독교 번역가들이 발굴되기를 바라고, 무엇보다 선교의 귀한 도구로 쓰여지기를 희망하여 기쁘게 추천합니다.

이영훈 목사
여의도순복음교회 당회장

차례

서문

지금은 국제화 시대입니다. 이 시대의 특징은 전문성입니다. 21
세기의 한국교회는 보다 넓고 다양한 전문 사역자들을 필요로 하고
있습니다. 이 때문에 나는 지금이야말로 '기독교 전문 번역가'의 시
대가 도래했다고 생각합니다.

우리가 매일같이 접하는 정보 가운데 해외에서 수입하지 않은 정
보는 거의 없다시피 할 정도로 그 수는 헤아릴 수 없을 것입니다. 물
론 그 메시지가 우리에게 전달되기까지 누군가 출발어에서 도착어로
번역하는 작업을 했음은 쉽게 짐작할 수 있는 일입니다.

지금은 지구촌 시대이기 때문에 교회도 예외가 될 수 없습니다.
그러나 사실상 역사적으로 볼 때 교회만큼 언어에 있어서 앞서간 기
관도 없을 것입니다. 한국교회는 지금으로부터 약 130년 전에 우리
말을 할 줄 모르는 외국인들이 전해 준 복음의 열매라고 해도 과언이
아닙니다. 그리고 그 가운데 이름도 없이 빛도 없이 가교역할을 한
통역사들과 번역가들이 있습니다.

선교학계에서는 한국이 선교사들보다 성경이 먼저 들어간 희귀한 나라라고 말을 한다고 합니다. 실제로 존 로스(John Ross) 목사님께서 중국에서 선교활동을 펼치고 계실 때 중국 청년들로 구성된 성경 공부를 함께한 그룹 가운데 2명의 한국인 청년들이 있었습니다. 그들은 그 목사님으로부터 성경을 배우자마자 우리말로 마가복음을 '번역'하는 일을 했습니다. 성경은 우리에게 이렇게 전달되었습니다. 바로 번역을 통해서 말이죠. 세종대왕이 한글을 창시한지 정확하게 437년 이후의 일이며, 우리에게 익숙한 언더우드(Underwood), 아펜젤러(Apenzeler), 스크랜턴(Scranton) 선교사가 한반도를 밟기 5년 전에 있었던 획기적인 사건입니다.

이 정도면 우리 그리스도인들에게 왜 번역이 중요한지 새삼 느끼게 됩니다. 더욱이 우리가 매일 읽고 선포하는 성경은 번역본이며, 날마다 부르고 있는 대부분의 찬송도 번역에 의존한 것이라고 할 때에 이에 대한 중요성을 부인할 사람은 많지 않을 것입니다. 이 시점에서 문서사역에 있어서 번역에 대한 의존도가 얼마나 높은지를 굳이 밝힐 필요는 없으리라 봅니다.

그러나 아직까지 번역에 대한 올바른 이해가 없는 것이 사실입니다. 그것은 번역이 대중화되었기 때문이라고도 말할 수 있겠지만, 한편으로는 번역은 아무나 할 수 있다고 하는 생각의 결과로 좋지 못한 번역이 난무한다는 뜻도 됩니다. 그럼에도 불구하고 희망을 갖는 것은 요즘 들어 자신을 '기독교 전문 번역가'로 소개하고 있는 사람들이 대대적으로 증가하고 있는 추세이며, 이를 하나의 사역으로 생각하는 전문 사역자들이 있기 때문입니다.

일반 번역과 기독교 번역은 엄연히 다릅니다. 이것은 저의 책『통역설교, 당신도 할 수 있다』에서 밝혔듯이, 일반 통역사가 강단에서 설교를 통역할 수 없는 것처럼, 일반 번역가가 기독교 번역을 한다는 것은 상상할 수 없는 일입니다. 기독교 번역은 학문적으로 다소 준비가 부족하다 하더라도 이에 대한 기본 지식을 갖추고, 무엇보다 매일같이 말씀을 묵상하고 기도하며 '나도 한번 번역에 도전해보겠다'고 하는 그리스도인들의 몫입니다.

저는 지난 10여 년간 20여 권의 기독교 서적들을 번역했습니다. 신학을 시작하기 전에 번역학을 공부한 것이 이렇게 큰 열매로 발전하리라고는 생각지도 못했습니다. 우리의 현실은 대부분의 기독교 서적들은 주로 영문학을 공부했거나 해외에서 신학을 전공한 분들이 담당하고 있습니다.

그분들이 번역을 천직으로 생각하고 시간을 쪼개어 작업을 하는 이유는 앞서 설명한 말씀의 종교라고 하는 기독교의 본질 때문이라고 생각합니다. 그러므로 저는 당신이 이 시대의 그리스도인이라면 번역에 도전하기를 바랍니다. 학문적으로 준비가 잘 안 되었다고 하더라도 조금만 준비하면 탁월한 번역가가 될 수 있다고 하는 것이 저의 주장입니다.

이를 위해 번역에 대한 이해를 갖고, 학문적인 기본 지식을 갖추고, 앞선 사람들의 풍부한 경험을 귀담아듣고, 무엇보다 하나님으

로부터 비전을 받았다면, 더 이상 두려워하지 말고 번역에 도전하는
그리스도인이 되십시오.

김동조 목사

제1장
성경적 기초

번역은 최고의 강단이다
성경에 나타난 번역
성경이 서로 다르다?

번역은 최고의 강단이다

지구상에는 6천 개 이상의 언어가 있습니다. 바벨탑 사건 이후로 언어가 이렇게까지 혼잡하게 될 줄은 그 누구도 상상하지 못했을 것입니다. 지구촌 시대를 맞이하여 사람들은 영어가 세계 공용어라고 입을 모으기는 하지만, 여전히 언어의 다양성은 엄연히 존재하며 지구상에 존재하는 모든 언어는 존중받아야 마땅합니다.

성경은 주님이 다시 오실 때 모든 만물이 각 방언으로 보좌에 앉으신 이와 어린양에게 찬송할 것을 말씀하고 있습니다.

"각 족속과 방언과 백성과 나라 가운데에서 사람들을 피로 사서 하나님께 드리시고"(계 5:9).

그때까지 우리는 다양한 언어가 공존하고 있음을 부인할 수 없으며, 특별히 세계선교의 사명을 띠고 있는 한국교회는 언어에 대해 개방적인 자세를 취해야 합니다.

저는 수많은 나라들을 방문하면서 세계교회가 한국교회의 부흥에 대해 얼마나 많은 관심을 갖고 있는가를 실감했습니다. 사역 초기 때 미국 보스턴에 있는 히스패닉계 교회의 초청을 받아 부흥성회를 인도한 적이 있는데, 저는 별 생각 없이 어느 한 본문을 정해 놓고 강해설교를 했습니다.

그들은 한국인이 스페인어로 설교하는 것을 본 적이 없어서 그런지 주의 깊게 나의 메시지를 경청했습니다. 집회를 마치고 난 후 그 교회의 담임목사님이 다가오시더니 이렇게 말하는 것이었습니다.

"목사님, 은혜를 많이 받았습니다. 그런데 우리는 한국에 대한 이야기를 듣고 싶습니다. 한국교회가 어떻게 성장했는지에 대해 말씀을 좀 해 주시지요."

순간적으로 저는 무릎을 치면서 '바로 이것이다!'라고 속으로 소리쳤습니다. 세계가 우리를 주목하고 있습니다. 그들은 우리에게서 무엇인가를 배우려고 합니다. 그러나 막상 외국어로 번역된 한국교회에 대한 자료는 거의 없다시피 합니다. 사실상 우리나라 사람들도 번역에 의존하여 복음을 받아들였는데 말입니다. 그 때문에 저는 번역을 통해 세계선교를 이루자고 말씀드리고 싶습니다.

번역은 최고의 강단입니다. '말은 사라지지만 글은 남는다'는 격언은 어떻게 보면 결국 통역보다 오랜 시간이 지나도 영구적으로 보존되는 문서, 즉 번역이 더 중요하다는 의미이기도 합니다. 이제는 우리의 이야기를 글로 표현할 뿐만 아니라, 외국어로 번역하는 시대가 도래했습니다.

전문적인 의미에서 번역이라고 하면, 모국어를 외국어로, 그리고 외국어를 모국어로 자유자재로 옮기는 것을 가리킵니다. 즉, korean-English, English-Korean translation입니다. 저는 바로 이것이 우리 한국교회에 필요하다고 봅니다. 그러므로 저는 다음과 같이 두 가지를 제안합니다.

1. 외국어로 된 기독교 서적을 한국어로 옮기라.

전 세계적으로 볼 때 하루에도 수천 권의 기독교 서적들이 쏟아져 나오고 있습니다. 그런데 우리나라에 번역되어 소개되는 자료는 극히 드뭅니다. 기껏해야 영어로 된 서적들이 우리나라말로 번역되는 것이 전부입니다. 그러나 보다 신속하게 정보를 입수하고 세계교회의 흐름을 알려면 번역에 발빠른 자가 두각을 나타낼 수밖에 없습니다.

2. 한국어로 된 기독교 서적을 외국어로 옮기라.

세계교회는 한국교회에 대해 알고 배우고 싶어합니다. 이들의 욕구를 충족시키기 위해서는 그들의 언어로 우리의 이야기를 들려줄 수 있어야 합니다.

저는 여의도순복음교회가 개최하는 CGI 성회에 통역사로 섬긴 경험이 있습니다. 그런데 해외에서 오는 목회자들은 하나같이 문서화

된 자료를 요구합니다. 즉, 자신들의 언어로 번역된 문서를 요청하는 것인데, 이를 위해 저는 주보에서부터 여러 공식자료에 이르기까지 다양한 문서를 번역한 적이 있습니다.

이와 같이 번역은 단순히 언어를 옮기는 것에서 그치는 것이 아니라, 시공간을 초월하여 두 문화 사이에 가교역할을 한다는 특성을 가지고 있습니다. 번역은 최고의 강단입니다.

저자의 한 마디

번역은 최고의 강단입니다. 세계는 한국교회를 주목하고 있습니다. 우리를 세계에 알리려면 언어라는 통로를 적극 활용하는 방법 밖에는 별다른 길이 없습니다. 한 마디로, 번역이라는 것이죠.

당신이 목회자라면 선포하고 있는 메시지, 혹은 사업가라면 최근 개발한 상품을 외국인들이 손쉽게 접할 수 있도록 그들의 언어로 번역이 되어 있나요?

성경에 나타난 번역

기본적으로 구약성경은 히브리어로, 신약성경은 헬라어로 기록되어 있습니다. 그러나 다니엘의 상당한 부분(2:4-7:28)은 아람어로 기록되었고, 그 외에 에스라 4장 8절부터 6장 18절까지, 그리고 7장 12절부터 26절까지, 그리고 예레미야 10장 11절의 원어는 히브리어가 아닌 아람어입니다.

고대 근동어에 대한 연구가 더 많이 필요한 것은 사실이지만, 그 외에 우가리트어, 베니게어, 모압어, 아라비아어, 그리고 아카드어는 성경인물과 뗄래야 뗄 수 없는 불가분의 관계에 있습니다. 쉽게 말해, 성경에 나타난 믿음의 사람들은 신앙에만 탁월했던 것이 아니라, 그 옛날에도 외국어 실력이 남달랐습니다.

그 이유는 성경의 배경에 기인합니다. 이에 대해 어떤 연구가 있는 것은 아니지만, 추측컨대 성경의 90%는 다문화권적 배경을 가지고 있습니다.

아브라함은 갈대아 우르 출신이지만, 한때 이집트와 가나안에서 살았기 때문에 외국어에 능했다는 것을 짐작하는 것은 어려운 일이 아닙니다.

모세도 어릴 때부터 바로의 딸 밑에서 자랐기 때문에 이집트인들의 말을 잘했을 것입니다.

믿음의 영웅 다니엘도 아람 방언으로 느부갓네살 왕에게 말했어야만 했습니다(단 2:4).

신약시대에도 변한 것은 거의 없습니다. 왜냐하면, 당시 정치적으로는 로마가 지배하고 있었고, 문화적으로는 헬라문화가 융성했기 때문에 예수님 당시의 모든 유대인들은 최소한 3개 국어 이상을 구사했습니다.

이 같은 상황 속에서 번역이 중요했으리라고 하는 것은 쉽게 짐작할 수 있는 일입니다.

저는 예수님의 십자가야말로 번역의 중요성을 가장 잘 드러낸다고 생각합니다. 그 이유는 첫째로, 예수님의 십자가가 아니었더라면 우리는 결단코 하나님의 사랑을 우리의 언어로 읽고 깨닫지 못했을 테고, 둘째로, 십자가 위에 쓰인 내용이 바로 번역본이라고 하는 사실 때문입니다.

요한복음 19장 20절 말씀을 주목하십시오.

"예수께서 못 박히신 곳이 성에서 가까운 고로 많은 유대인이 이 패를 읽는데 히브리와 로마와 헬라 말로 기록되었더라."

이 패는 본디오 빌라도가 쓴 패로서 그는 모든 사람들이 '나사렛 예수 유대인의 왕'이라고 쓰인 이 패를 읽을 수 있도록 3개 국어로 '번역'한 것입니다.

성경에 '번역'(translation)이라고 하는 낱말이 여러 번 등장한다는 사실이 참으로 흥미롭습니다.

"보라 처녀가 잉태하여 아들을 낳을 것이요 그의 이름은 임마누엘이라 하리라 하셨으니 이를 번역한즉 하나님이 우리와 함께 계시다 함이라"(마 1:23).

"달리다굼 하시니 번역하면 곧 내가 네게 말하노니 소녀야 일어나라 하심이라"(막 5:41).

"예수를 끌고 골고다라 하는 곳 번역하면 해골의 곳에 이르러"(막 15:22).

"랍비는 번역하면 선생이라"(요 1:38).

"메시야는 번역하면 그리스도라"(요 1:41).

"게바는 번역하면 베드로라"(요 1:42).

"그 이름을 번역하면 도르가라"(행 9:36).

특별히 이름이라고 하는 고유명사가 여러 나라 말로 번역된 이유는 당대의 다문화적 배경을 잘 반영해 주고 있습니다.

요즘 들어 외국어 열풍이 더욱 더 거세게 몰아치고 있는데, 사실상 성경은 아주 오래전부터 번역을 생활화했음을 증명하고 있습니다. 이렇듯, 기독교는 말씀의 종교이기 때문에 번역의 기초는 성경입니다.

저자의 한 마디

다소 희한하게 들릴지는 모르지만, 번역은 성경의 대주제 중의 하나임에 틀림없습니다. 그 이유는 성경의 90% 이상이 다문화적 배경을 가지고 있기 때문입니다. 지금 우리는 지구촌 시대에 살고 있습니다. 성경에 나타난 믿음의 위인들을 본받아 신앙에만 탁월한 것이 아니라, 외국어에도 탁월해야 우리나라는 아시아 선교를 뛰어넘어 세계선교에 귀하게 쓰임받을 수 있습니다.

당신은 번역을 어떻게 활용해야 한국교회가 세계선교를 위해 보다 귀하게 쓰임받을 수 있다고 생각하십니까?

성경이 서로 다르다?

성경은 하나님의 말씀입니다. 그런데 그 말씀은 인간의 언어로 기록되었습니다. 인간의 언어로 기록되었다는 뜻은 우리가 알아들을 수 있도록 하나님께서 하늘의 언어를 우리말로 번역하셨다는 의미가 되기도 합니다.

그러므로 번역의 시초는 하나님이십니다. 십자가는 하나님의 사랑이 가장 잘 번역된 글이라고 할 수 있습니다.

"우리가 아직 죄인 되었을 때에 그리스도께서 우리를 위하여 죽으심으로 하나님께서 우리에 대한 자기의 사랑을 확증하셨느니라"(롬 5:8).

신명기 5장에 보면, 십계명이 나타나 있습니다. 그런데 22절에 매우 흥미로운 말씀이 있습니다.

"여호와께서 이 모든 말씀을 산 위 불 가운데, 구름 가운데, 흑암 가운데에서 큰 음성으로 너희 총회에 이르신 후에 더 말씀하지 아니하시고 그것을 두 돌판에 써서 내게 주셨느니라.”

다시 말해, 하나님께서 직접 글을 쓰셨다고 하는 뜻입니다. 저의 질문은 ‘하나님께서 어느 나라 말로 십계명을 쓰셨을까?’ 하는 것입니다. 물론 모세를 포함해 히브리인들은 이집트에서 노예생활을 했기 때문에 이집트의 언어를 매우 잘 했으리라고 짐작할 수 있습니다. 그러나 대개는 구약성경이 일부를 제외하고는 전부 히브리어로 기록되었고, 언어학자들은 히브리어가 지금으로부터 4천 년의 역사를 가지고 있다고 하는 것을 보아 하나님께서는 히브리어로 십계명을 쓰셨다고 하는 것을 짐작할 수 있습니다.

이와 같이 하나님은 인간의 언어로 된 성경을 우리에게 주셨기 때문에 각 나라 언어로 번역하는 일은 세계선교를 위해 필수사역이 되는 것입니다.

기본적으로 구약성경은 히브리어로, 신약성경은 헬라어로 기록되었습니다. 우리가 읽는 한글로 된 성경은 번역본입니다. 원문도 지구상에서 사라진지 오래되었기 때문에 모든 성경은 필사본이거나 번역본입니다. 기원전 3세기 알렉산드리아에 거주하고 있던 유대인들을 위해 번역된 구약성경 칠십인역(Septuagint) 역시 번역본입니다.

전문적인 이야기이지만, 각 번역본은 문맥과 상황에 따라 어느 성구에 한해서 얼마든지 그 뉘앙스가 약간 다를 수도 있습니다. 심지어 어떤 신학자들은 우리말 성경에 대해 “은혜와 구원받기에는 적합하지만, 학문적으로 연구하기에는 문제가 있다”고 말합니다. 물론 말씀

그 자체가 아닌 일부 잘못된 번역을 두고 하는 말입니다.

구약성경을 예로 들어보겠습니다. 출애굽기 3장 14절에 보면, "나는 스스로 있는 자이니라"고 번역되어 있는데, 이는 칠십인역과 일맥상통합니다. 그러나 원어성경에 보면, "나는 나다"(I am that I am.)라고 쓰여 있습니다.

이것은 잘못 번역되었다기보다는 당시 구약성경을 헬라어로 옮기는 과정에서 번역가의 신학적 사상이 반영되었다고 판단하는 것이 옳습니다. 즉, '존재한다'는 동사를 하나님의 자존적 특성과 연결시켜 해석을 한 것이지요.

그럼, 신약성경으로 넘어가볼까요? 사도행전 2장 47절에 보면, "주께서 구원받는 사람을 날마다 더하게 하시니라"고 기록되어 있는데, 어떤 번역본에는 이를 "주께서 구원받기로 한 사람을 날마다 더하게 하시니라"(And the Lord added to the Church daily such as should be saved)고 표기되어 있습니다. 그 이유는 예정론을 굳게 믿고 있는 칼빈주의자들이 번역과 함께 해석을 한 것에 기인합니다.

번역본에 신학적 사상이 반영된 것은 새 찬송가도 예외가 아닙니다. 우리나라 사람들이 가장 좋아하는 찬송가 중의 하나가 "주 예수보다 더 귀한 것은 없네"(통일 찬송가 102장: 새 찬송가 94장)일 것입니다.

1절 가사에 보면, "영 죽을 내 대신 돌아가신 그 놀라운 사랑 잊지 못해"라고 하는 통일 찬송가의 가사가 새 찬송가에는 "영 죽은 내 대신 돌아가신 그 놀라운 사랑 잊지 못해"라고 과거형으로 새롭게 번역되었습니다. 즉, "죽을 수밖에 없는 우리 영혼을 구원해 주시니 감사드립니다."라고 하는 기도가 신학적으로 문제가 있기에 "이미 죽은 우리 영혼을 구원해 주시니 감사드립니다."로 바꾸어야 한다고 하는 목소리가 반영된 것입니다.

또 한 가지는 CCM 기독교 음악을 포함한 현대 복음성가입니다. 어떤 교회에서는 하나님을 가리켜 '당신'(You)이라고 하는 가사를 일일이 '주님'(Lord)으로 바꾸어 부르는 것을 종종 볼 수 있는데, 그 이유는 우리나라말의 뉘앙스로는 하나님을 가리켜 '당신'이라고 하는 것이 왠지 어색하고 적합하지 않다고 하는 정서 때문입니다.

이렇듯 번역이라고 하는 것에 번역가의 사상이 반영되지 않는 글은 하나도 없습니다.

전문적인 입장에서 본다면, 굳이 잘못되었다고 비판할 필요는 없을 듯합니다. 왜냐하면, 아무리 잘된 번역이라고 하더라도 역시 번역본 그 이상이 될 수 없기 때문입니다. 신학자와 같이 번역을 모르는 일반인들은 흔히 번역가가 어떤 자신만의 신학적인 의도를 부각시키기 위해 원뜻을 왜곡한 것처럼 "이 부분에 번역이 잘못 되었습니다."라고 말하는 경우를 종종 보게 됩니다. 때로는 번역가들의 실력 부족을 탓하기도 합니다. 그러나 아무리 좋은 번역도 원본이 될 수는 없는 것입니다. 이것이 번역의 가장 큰 명제입니다. 번역은 번역일 뿐입니다.

전문적인 영역이지만, 또 다른 예를 들어보겠습니다. 히브리 문학양식에는 아크로스틱(acrostic)이라고 하는 것이 있습니다. 이는 각 단락이나 절의 첫 글자가 히브리어 알파벳 순서로 시작되는 시를 가리킵니다. 말씀의 중요성을 강조하는 시편 119편이 그 예입니다. 176절로서 성경의 가장 긴 장을 이루고 있는 이 시편은 8절마다 한 단위를 이루는데, 그 단위마다 히브리 알파벳 순서로 배열되어 있습니다. 더 나아가 각 절의 첫 글자가 알파벳 순서로 되어 있는 것으로는 시편 10편, 34편, 37편이 있으며 예레미야애가서도 아크로스틱 문학양식을 따르고 있습니다.

저는 심심찮게 마치 자신이 지금까지 숨겨진 비밀을 발견했듯이 번역이 잘못되었다고 말하는 신학자들을 보곤 합니다. 그렇다면 이같은 것을 어떻게 번역해야 소위 잘된 번역이라고 말할 수 있을까요?

등가의 원칙을 따르자면, 가나다순으로 해야 옳지만 이런 번역은 불가능합니다. 쉽게 말해, 이 시편의 해당되는 우리말 성경의 1절이 "ㅎ"으로 시작되고, 그 다음 단락인 9절은 "ㅊ"으로 시작되는데, 이를 "ㄱ"으로, 그리고 "ㄴ"으로 바꾸어야 한다는 것입니다.

이런 이유 때문에 때로는 신학자들이 불필요하게 번역가들의 고유영역을 경솔하게 침범한다는 느낌을 받을 때가 있습니다. 위의 경우에는 기껏해야 번역을 해놓고 아크로스틱이 무엇인지 설명하는 길밖에는 없습니다. 번역이 원본을 대체할 수는 없는 것입니다. 이것이 번역의 한계입니다. 그렇지 않다면 번역이 필요 없겠지요.

저는 원어와 번역본을 TV에 비유하고 싶습니다. 원어는 컬러 TV이고, 번역본은 흑백 TV인 셈이지요. 즉, 똑같은 화면이지만 컬러 TV에서는 흑백 TV로 볼 때 안 보였던 것들이 보이는 것 뿐입니다.

예를 들어, 사무엘상 10장 10절을 한글개역개정판으로 보면, 사울이 성령을 받은 것에 대해 "하나님의 영이 사울에게 크게 임하므로"라고 되어 있고, 다윗이 성령을 받은 것에 대하여는 "다윗이 여호와의 영에게 크게 감동되니라"(삼상 16:13)고 나타나 있습니다.

언뜻 보면, 아무런 차이가 없는 것처럼 보입니다. 그러나 히브리어성경에 보면, 하나님의 영이 사울 위에(upon) 강림한 것에 반하여 다윗에 관하여는 안에(in) 들어갔다고 하는 것을 두 개의 별다른 전치사의 사용법으로 그 차이를 고의적으로 드러내고 있다고 말할 수 있습니다.

결론적으로, 성경이 서로 다르다고 함으로써 번역본이 전부 잘못된 것처럼 주장하는 것은 전문적인 입장에서 볼 때 타당성이 없습니다. 아무리 잘된 번역본이라고 할지라도 원어가 될 수 없다는 점을 잊어서는 안 됩니다. 번역본은 어디까지나 번역본일 뿐입니다.

그러나 이것은 번역이 그만큼 중요하다고 하는 것을 일깨워 줍니다. 저는 10년 넘게 통역사역을 해왔지만, 어떤 목사님들은 "당신네 한글성경에도 그렇게 쓰여 있나요?"라고 말하며 웃은 적이 한두 번이 아닙니다.

간단하게 말해, 성경이 서로 다른 것이 아니라, 다른 번역본이 있을 뿐입니다. 이렇듯, 번역은 수천 년 동안 기독교 역사와 호흡을 함께 해 왔습니다.

저자의 한 마디

성경이 다른 것이 아니라, 다른 번역본이 있을 뿐입니다. 번역의 가장 큰 명제는 번역은 아무리 잘 된 것이라고 할지라도 원본이 될 수 없다는 것입니다.

성경 몇 구절을 선택해 당신이 소지하고 있는 성경의 다양한 번역본들을 비교하여 보십시오. 다가오는 은혜가 보다 새롭고 다양하여 예전에 느껴 보지 못한 색다른 경험을 하실 수 있을 것입니다.

번역서를 보고 경악하다

저는 아르헨티나에서 교포 1.5세로 자랐기 때문에 목회에 대한 소명을 받자마자 한국어를 잘해야겠다는 필요성을 절감했습니다. 그러나 주변에 있는 사람들은 하나같이 신학을 공부하기 전에 다른 학문을 전공하면 인생경험도 쌓고 여러 가지 이유로 좋을 것이라는 의견을 피력했습니다.

저는 별다른 재능이 없었고, 그래도 할 줄 아는 것은 중학교 1학년 때부터 배운 영어가 전부였기 때문에 신학을 하기 전에 영어에 뜻을 두고 영어공인번역학(Public Translation)과를 선택했습니다.

뒤늦게 알게 된 사실이지만, 영어공인번역학과는 대학원 과정으로서 전국에서 영어를 가장 잘 하는 학생들이 선택하는 고도의 집중력을 요구하는 특수학과입니다. 물론 나라마다 사정이 조금씩 다르긴 하지만, 초・중・고등학교에서 영어를 가르치려면 사범대 영어교육과에 진학하면 되고, 문학에 뜻을 두고 있다면, 학부 과정의 영문학을 선택하면 됩니다. 사람들이 흔히 말하는 동시통역은 대학원 박사 과정으로서 웬만한 외국어 실력을 가지고서는 입학도 하지 못하는 최고급 과정입니다.

영어공인번역학이란, 번역학과 법학을 동시에 공부하는 석사 과정으로써 졸업을 하게 되면 공인번역학계에 속하여 법적 문서들을 번역하여 공증하는 국가가 인증하는 자격증을 수여받게 됩니다.

영어를 보다 깊게 배울 수 있다고 하는 장점은 있지만, 3학년 이후로는 법학을 공부해야 한다는 것 자체가 크나큰 스트레스로 작용할 수 있습니다. 저 역시 본래 신학에 뜻을 두고 있었기 때문에 4학기 번역과정만 마치고, 한국으로 유학갈 것을 결심했습니다.

한국에 와서는 리포트를 제출해야 할 때마다 어려움을 겪었습니다. 당시 저의 한국어 실력이 글을 쓸 만한 수준이 아니었기 때문입니다.

저는 이 문제를 극복하기 위해 대형서점에 가서 고등학교 과정의 교과서를 과목별로 전부 구입하여 섭렵했습니다. 글 쓰는 것을 배우기 위해 심지어는 일반인들에게는 생소한 『띄어쓰기사전』을 구입하기도 했습니다. 나중에는 일간지를 보면서 잘못된 띄어쓰기를 찾는 다소 이상한 취미가 생기기까지 했습니다.

그러던 어느 날 저는 주말이면 늘 그랬듯이 서대문에 있는 기독교서점을 방문하여 책을 구경하기 시작했습니다. 순간적으로 어느 한 책이 눈에 들어왔는데, 그 이유는 다름아닌 제가 청소년 시절을 보낸 아르헨티나의 어느 유명한 목사님께서 저술한 책이었기 때문입니다.

너무나도 반가워서 책을 손에 드는 순간 깜짝 놀라고 말았습니다. 그것은 스페인어에서 영어로, 영어에서 우리말로, 즉 이중으로 번역된 탓인지 오역이 너무나도 많이 눈에 띄었기 때문입니다.

지명이 영어식 발음으로 잘못 표기됨은 물론, 특별히 제가 속한 교단의 이름이 '연합 총회'로 잘못 번역된 것을 보면서 저는 속으로 '이 정도면 나도 할 수 있겠다!'고 생각했습니다.

끝내 책을 구입하여 연구하기 시작했습니다.

왜 번역가가 지극히 상식적인 교단의 이름을 잘못 번역했을까? 그 이유는 영어번역본이 잘못되었기 때문이었습니다.

아르헨티나에서는 하나님의 성회(The Assemblies of God)가 'Union de las Asambleas de Dios'입니다. 그 이유는 미국 뿐만 아니라 캐나다와 스웨덴 하나님의성회 출신 선교사들이 복음을 증거했을 때 제 각기 'Asambleas de Dios'라고 하는 교단의 공식 명칭을 그대로 사용했기 때문입니다. 그래서 이들은 교단의 결속력을 위해 하나님의성회에 '연합'(Union)이라고 하는 단어를 첨가하게 된 것입니다.

따라서 Union de las Asambleas de Dios를 우리말로 번역해야 할 경우에는 '아르헨티나 하나님의 성회'라고 표기를 해야 합니다. 그런데 이 같은 경우에는 영어로 번역한 사람이 Union Assembly라고 한 까닭에 한국어로 또 다시 번역하신 분이 미처 이것이 하나님의성회,

즉 교단명칭이라고 하는 사실을 깨닫지 못했던 것입니다.

저는 스스로 번역에 대해 어느 정도 일가견을 가지고 있다고 생각해서였는지 책을 보면 볼수록 지나칠 수 없는 부분들을 발견했습니다. 물론 지금 생각해 보면 그렇게 심각한 문제도 아닌데, 그때는 왜 그렇게 신경을 곤두세우며 한국어 번역본을 읽었는지 모르겠습니다.

그러나 하나님께서는 이것을 계기로 저를 번역가로 지명하셨고, 그때 이후로 지금까지 저는 번역의 일을 기쁨으로 감당하고 있습니다. 당신에게도 '이렇게 번역되면 참 좋았을 텐데…'라고 하는 아이디어가 문득 떠오른다면, 이는 하나님께서 당신을 번역가로 부르셨다고 하는 증거입니다.

저자의 한 마디

요즘은 번역이 대중화된 탓에 잘못된 번역이 난무하고 있습니다. 외국어를 어느 정도 하는 사람이라면 잘못된 번역을 찾는 것은 그다지 어려운 일이 아닐 것입니다. 그러나 당신이 잘못된 번역을 발견할 때마다 마음이 꿈틀거리며 한번 바로잡아 보겠다는 소원이 생기면 당신은 소명을 받은 번역가임에 틀림없습니다. 잘못된 번역을 비판하는 자리에만 머물러 있지 말고, 좋은 번역이 우리 크리스천 문화에 넘칠 수 있도록 기독교 번역에 도전해 보시는 것은 어떨까요?

인세는 얼마 지불받기를 원하시는지요?

글을 쓴다는 것은 언제 어디서나 누구나 접할 수 있는 문서를 남긴다고 하는 뿌듯함이 있습니다. 성경이 문서화되어 우리에게 전해졌다고 하는 것 자체가 시사하는 바는 생각보다 굉장히 큽니다.

신학교 시절 저는 번역을 해야 되겠다는 생각만 가지고 있었지, 무엇을 어떻게 해야 될지는 전혀 몰랐습니다. 그저 무턱대고 어느 한 책을 무작위로 선택하여 경험 삼아 번역하기 시작했습니다.

번역을 거의 다 마칠 무렵 저는 인터넷을 통해 각 출판사의 연락처를 알아내어 이메일을 보냈습니다. 그때 당시만 해도 저는 '번역서 출간 청원서'라는 양식이 있는지조차 몰랐습니다. 그러나 제가 번역하고 있었던 책은 이미 전 세계적으로 잘 알려진 베스트셀러였기 때문에 그저 이런 책이 있다고 하는 것을 알리는 수준 뿐이었습니다.

그런데 놀랍게도 그 중의 어느 한 출판사로부터 연락이 왔습니다.

"저희한테 이메일을 보내주셨지요? 저자 목사님께서 인세는 얼마정도 지불받기를 원하시는지 물어보세요."

순간적으로 저는 너무나도 당황하여 "예, 알겠습니다."라고 답한 후 전화를 끊었습니다. 아르헨티나에서 휴가를 즐기고 있던 저는 곧 바로 저자 목사님께 인터뷰를 요청했고, 목사님은 이를 흔쾌히 허락하셨습니다.

"목사님, 제가 목사님의 책을 번역하고 있는 중인데, 거의 다 마쳤습니다."

"어느 책이요? 그거 이미 한국어로 번역된 것으로 알고 있는데요."

한 달 동안 번역에만 매진하였기에 순식간에 저의 노고가 물거품이 되는 순간 좌절감에 빠지고 말았습니다. 그러나 바로 그때 목사님께서는 미소를 지으면서 이렇게 말씀하셨습니다.

"형제님, 제가 당신의 수고를 봐서 저의 두 번째 책을 당신을 통해 출간하겠습니다."

감사하다고 하는 표시로 고개를 아래로 숙이는 순간 속으로 여러 생각들이 교차하기 시작했습니다.

'그런데, 가만있어 보자. 인세가 뭐지? 계약은 도대체 어떻게 하는 거야?'

목사님께서는 저의 이런 무지를 눈치채셨는지, 책의 출간과정을 3분 내로 속시원하고 간단명료하게 설명해 주셨습니다. 이렇게 해서 출간된 책이 클라우디오 프레이존(Claudio Freidzon) 목사님의『질그릇 속에 담긴 보배』(도서출판 진흥)입니다.

몇 개월 후 주님께서는 어느 날 아침에 저를 잠에서 깨우셨습니다. 환상 가운데 주님께서는 저에게 이렇게 질문하셨습니다.

"몇 권의 책을 내기를 원하느냐?"

순간적으로 저의 좌편에 있던 책장을 보고서는 몇 권의 책이 있는지 일일이 세기 시작했습니다. 이것은 마치 아브라함이 하늘의 별들을 세면서 더 이상 셀 수 없다고 하자 하나님께서 "네 자손이 이와 같으리라"고 하신 말씀과 일맥상통합니다.

'하나, 둘, 셋, 넷….' 그리고 더 이상 셀 수 없게 되자, 속으로 천문학적인 숫자를 떠올리며 소리쳤습니다.

"주님, 100권을 원합니다!"

이제 막 1권의 번역서를 낸 저에게 있어서 100권이라고 하는 것은 문자적 의미 그대로 도달할 수 없는 천문학적인 숫자였습니다.

저의 문서사역은 이렇게 시작되었습니다. 감사하게도 지금까지 제가 번역하거나 집필한 책 가운데 출간되지 않은 책은 단 한권도 없습니다. 지금은 역서 뿐만 아니라 저서를 포함하여 30여 권의 책을 발간했지만, 이 경험을 통해 저는 예수님께서 소경 바디매오에게 던지신 그 질문, 즉 "내가 무엇을 하여 주기를 원하느냐?"가 우리 모든 믿는 자들을 위한 것임을 더욱 더 실감하게 되었습니다. 과연 하나님은 우리의 믿음대로 역사하시는 분이십니다.

"너희 안에서 행하시는 이는 하나님이시니 자기의 기쁘신 뜻을 위하여 너희에게 소원을 두고 행하게 하시나니"(빌 2:13).

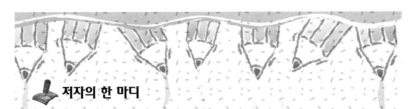

저자의 한 마디

　인세는 저자에게 지불되는 로열티를 가리킵니다. 저자와 출판사마다 다르지만, 대개는 5%에서 10% 선입니다. 작가와는 달리 기독교 번역가는 일반적으로 인세를 받지 않습니다. 일반출판의 경우에는 인세를 받는 경우도 있지만, 우리나라 기독교 출판사들의 경우에는 원고를 넘긴 직후, 혹은 출간 직후 번역료가 매절 방식으로 번역가에게 지불되는 것이 일반적입니다.

자격증이 아니라 실력이다

요즘 들어 자신을 '기독교 전문 번역가'로 소개하는 사람들이 늘어나고 있는 추세입니다. 이는 반가운 소식이 아닐 수 없습니다. 왜냐하면, 그만큼 한국교회가 질적으로 성숙하여 이제는 전문 사역자로서의 번역가를 인정하고 있다는 증거이기 때문입니다.

그렇다면, 번역가가 되는 길은 무엇인가요? 사회에서 번역가가되기 위해서 어떤 자격증이 필요한 것은 아닙니다. 물론 국내외적으로 각 기관들로부터 발급되는 번역가 자격증이 없는 것은 아니지만, 실제로 그와 같은 자격증은 별 효력이 없으며, 기독교 번역에 있어서는 더욱 더 그렇습니다.

간혹 어떤 분들은 번역을 잘하기 위해서는 통번역학과를 진학해야한다고 생각하시는 경우가 있는데, 해당전공이 도움은 될 수 있을지언정 절대적인 자격요건이 되는 것은 아닙니다. 저 역시 영어공인번역학을 전공하였지만, 학문으로서의 번역을 공부하는 것이지 실제적인 번역은 사실상 경험에 맡겨 버립니다.

아르헨티나의 경우, 일반적인 학과에 지원하기 위해서는 입학시험이 없습니다. 그러나 영어공인번역학과 같이 영어로 대화를 자유자재로 하고 영작 실력도 상당한 수준을 전제로 하는 일부 학과에서는 입학시험이 의외로 까다롭습니다.

저의 경우, 3차에 걸친 입시를 치르게 되었는데, 처음에는 A4 용지 약 2-3장 정도의 영작을 하고, 통과할 경우에는 신문 기사를 번역하는 것을 테스트받습니다. 물론 번역은 현지 일간지를 영어로, 그리고 《뉴욕타임즈》의 기사를 스페인어로 번역하는 시험이었습니다. 그리고 난 다음에 대개는 1주일 후에 구두시험을 거쳐 최종 합격 여부를 확인하게 됩니다.

100명이 지원한다고 했을 경우, 약 70%의 학생들이 합격을 하게 되지만, 1학년에 입학하자마자 3개월 내로 50%의 학생들이 중도탈락하게 됩니다. 그 이유는 모든 강의가 100% 영어로 진행되기 때문에 대개는 영어실력이 뒷받침해 주지 못하기 때문입니다.

그러나 이것 역시 기독교 서적을 번역할 수 있는 조건이 되지 못합니다.

국내의 경우, 영문학을 전공했거나 해외유학을 다녀온 사람들이 번역에 종사하고 있습니다. 엄밀한 의미에서, 이것 역시 도움이 될 수 있을지언정 충분한 자격 요건이 되는 것은 아닙니다.

그렇다면, 어떻게 해야 번역가가 될 수 있을까요? 그것은 하나님으로부터 오는 소명에 있습니다. 저 역시 번역을 나름대로 공부했다고 하지만, 하나님께서 주신 부르심이 없었더라면 지금 이 자리에 이르지 못했을 것입니다.

그러므로 당신이 외국어 실력이 다소 부족하고 해외유학파가 아니더라도 번역에 내해 올바른 이해를 갖고, 이를 위해 조금만 훈련을 받는다면, 얼마든지 탁월한 기독교 서적 번역가가 될 수 있습니다. 한 마디로, 자격증이 아니라 실력입니다.

저자의 한 마디

'기독교 전문 번역가 자격증'은 존재하지 않습니다. 관건은 자격증이 아니라 실력입니다. 경쟁력 있는 번역가는 하루아침에 만들어지지 않습니다. 그러므로 지금 당장 번역할 무엇인가를 찾으십시오. 좋은 책이면 더욱 좋습니다. 기왕이면 시간절약을 위해서라도 객관적인 평가를 받을 수 있는 출판사를 섭외해서 샘플 번역을 보내 실력을 테스트받을 것을 권합니다. 우리나라의 경우 한국기독교총연합회에서 출판문화상 중의 하나인 번역자상을 주기도 하는데, 이는 우리나라의 출판문화가 그만큼 발전했다는 것을 보여주는 단적인 예입니다.

제3장
번역의 이해

핵심은 의미 전달이다
직역과 의역 사이에 끝없는 갈등
문화를 파악하라

핵심은 의미 전달이다

번역을 정의하자면, 출발어로 된 메시지를 도착어로 글이라고 하는 매체를 통해 전달하는 행위입니다. 즉, 핵심은 의미 전달입니다.

어떤 사람들은 외국어를 어느 정도 하기만 하면 자동적으로 번역도 잘할 것이라고 생각하는 경향이 있는 것 같습니다. 그래서인지 주로 유학을 다녀온 사람들이 번역을 하고 있습니다. 그러나 유창한 외국어 구사능력 자체가 곧 좋은 번역과 직결되는 것은 아닙니다.

더욱이 어떤 사람들은 번역을 '언어 분석'이라고 생각을 하는데, 이것 역시 번역과 무관합니다. 그 이유는 이미 알고 있는 두 언어 사이에 메시지를 전달하는 것이 번역이기 때문입니다. 흔히들 '원문에 충실하지 않았다'는 의견을 내세우는데, 번역가가 자신의 목소리를 크게 내서는 안 되겠지만, 그렇다고 해서 해독이 불가능한 어색한 우리말로 번역해서도 곤란합니다.

어떤 사람들은 "원문을 좀 살렸습니다."라고 하는데, 도저히 우리말로는 어색하기 짝이 없는 경우를 종종 보게 됩니다. 즉, 직역을 하는 것이 원문을 살리는 것이라는 생각은 잘못된 상식에 속합니다.

때로는 번역에 앞서 원어 작문에 오류가 있을 때도 있습니다. 저는 언젠가 어느 유명강사를 모시고 미국에 가서 집회에 통역강사로 섬긴 적이 있는데, 주최측 관계자들은 공항에서 호텔로 가는 길에 "목사님, 이것 좀 급히 필요해서 그런데요, 번역 좀 해 주세요."라고 부탁을 해 왔습니다.

무엇인가 보았더니 바로 그날 밤에 강사 목사님께 증정할 다름 아닌 감사패에 실을 내용이었습니다. 사전도 없이 그것도 자동차 안에서 초스피드로 번역을 한다는 것 자체도 당황스러웠지만, 더욱 저를 힘들게 했던 것은 앞뒤가 맞지 않는 우리말이었습니다.

그때 저는 곧바로 '의미 전달'의 원칙을 떠올리며 기술번역이지만 3분 만에 일을 마친 적이 있습니다.

그렇다면, 어떻게 해야 좋은 번역이라고 할 수 있을까요? 3가지로 정리해보겠습니다.

1. 출발어에 대한 이해

일부 번역가들은 번역도 창작이라며 자신의 글 솜씨를 마음껏 표출하는 것을 볼 수 있습니다. 물론 요즘 우리나라에 번역되어 소개되는 어떤 책들을 보면 원 저작물과는 전혀 다른 책이라고 착각할 정도로 편집된 완전히 재구성된 것을 볼 수 있습니다.

그러나 번역은 어디까지나 원서를 바탕으로 우리말로 글을 옮기는 것이기 때문에 원서라고 하는 기본 소스(source)에 초점을 맞추지 않으면 안 됩니다.

'저자가 무엇을 말하려고 하는가?'

'핵심 메시지가 무엇인가?'

'이것을 우리말로 어떻게 표현해야 하나?'

위의 질문들은 번역을 하는데 있어 절대적으로 중요합니다. 원서 없이 번역본은 존재할 수 없습니다. 그러므로 번역하기 전 무엇보다 출발어로 기록된 원 저자의 글을 충분히 이해해야 합니다.

2. 도착어에 대한 이해

대부분의 사람들은 자신의 특출한 외국어 실력을 자랑하지 모국어 실력을 의심하지는 않는 것 같습니다. 그러나 사실상 우리의 모국어 수준은 기대 이하라고 봐도 무방합니다.

이런 의미에서, 번역가는 자신의 외국어 실력을 테스트받는 것이 아니라, 그 반대로 모국어 실력을 테스트받는다고 생각하는 것이 좋습니다. 아무리 원서를 잘 이해했다고 하더라도 우리말로 그것을 매끄럽게 표현해 내지 못하면 아무런 소용이 없습니다.

언젠가 외국영화를 보면서 깜짝 놀란 적이 있습니다. 자막에 "걔는 밥맛이야!"라고 뜨는 순간 저는 곧바로 영화의 주인공이 출발어로 무엇이라고 말했나를 떠올리려고 노렸했으나 워낙 빠른 스피드로 자막이 바뀌는 탓에 놓치고 말았습니다.

곧바로 저는 깊은 생각에 잠겼습니다. 물론 기술번역이나 영상번역이 아닌 출판번역을, 그것도 기독교 번역을 하는 저에게 있어서 영화가 번역의 대상이 되지는 않았지만, 속어를 주로 사용하는 요즘 영화에 이런 자막이 떴다고 하는 부분에 대해 다시 한번 도착어에 대한 중요성을 실감하는 계기가 되었습니다.

3. 등가를 찾기

언어는 부득불, 문화라고 하는 테두리 안에 존재합니다. 그러므로 언어마다 독특한 표현양식이 있을 수밖에 없습니다. 그러므로 문맥과 상황을 떠난 번역은 있을 수 없으며, 문자적으로 번역을 한다고 하더라도 최종 독자들이 이해할 수 없는 언어가 되어버리고 말 것입니다. 그러므로 문화적인 요소를 배제하지 않고 염두에 둔 채 등가를 찾아야 좋은 번역을 할 수 있습니다.

저는 교민목회를 하고 있기 때문에 제가 시무하고 있는 교회에는 한인 2세들이 많습니다. 2개 국어를 하기 때문에 흔히들 번역도 자연스럽게 잘할 것이라고 생각하지만 꼭 그렇지만은 않습니다. 대개의 경우 등가를 찾지 못해 일상생활에서도 많은 단어들을 스페인어로 그대로 사용하는 모습을 볼 수 있습니다. 영어권 나라에서 자란 아이들이 "아빠, 배터리 있어?"라고 말하는 식이지요. 특별히 명사와 동사를 외국어로 말하기 일쑤인데, 이는 이에 해당되는 한국말을 잘 모르기 때문입니다.

번역의 핵심은 의미 전달입니다.

'의미가 전달되었는가?'

이 질문에 긍정적으로 답할 수 있다면, 그것은 훌륭한 번역임에 틀림없습니다.

저자의 한 마디

출발어, 도착어, 등가는 번역의 3대 주요대목입니다. 외국어를 잘 한다거나 유학을 다녀왔기 때문에 번역도 잘할 것이라는 생각은 잘못 된 고정관념에 불과합니다. 그러므로 번역에 뜻을 두고 있다면, 우리 말 기본 문법에서부터 시작하여 어휘력을 늘리는 것은 물론, 국어사전 을 가장 친한 친구로 삼으시기를 권합니다. 특별히 기독교 번역을 함 에 있어서는 성경을 최대의 무기로 삼아야 합니다.

직역과 의역 사이에 끝없는 갈등

많은 사람들이 직역인가, 의역인가 하는 질문에 고심하곤 합니다. 그러나 전문가의 입장으로서는 사실상 직역과 의역은 문제될 것이 하나도 없는 영역입니다. 왜냐하면, 때에 따라 병행해야 하기 때문입니다.

예를 들어 볼까요? 중남미의 기독교인들은 성도들을 가리켜 'los hermanos de la iglesia'라고 말합니다. 이것을 직역하면, '우리 교회의 형제들'입니다. 문맥상 이해가 어느 정도 되는 것은 사실이지만, 우리말로는 어색하기만 합니다. 이런 경우에는 순수 우리말로 '우리교회의 성도들'이라고 옮기는 것이 좋습니다.

요즘 들어 외국의 목회자들이 성도들을 향해 "Church, rise up!"이라고 하는 표현을 즐겨 사용하는 것을 볼 수 있습니다. 원뜻을 살려 직역하자니 "교회여, 일어나라!"이지만, 본래의 의미는 "성도 여러분, 일어나십시오!"입니다. 만일 교회라는 용어를 굳이 사용하기를 원한다면, "교회가 일어나야 합니다!"는 식으로 옮기는 것이 좋습니다.

오순절운동의 영향을 많이 받으신 외국의 목사님들은 설교 도중에 "How many of you...? Raise your hand"라는 특유의 표현을 자주 사용합니다. 우리말로 직역하자니 "…… 하시는 분들은 손을 들어주시기 바랍니다"인데, 설교 도중에 손을 올렸다 내렸다 하는 것에 익숙하지 않은 한국교회의 성도들에게는 어색한 동작이라서 그런지 회중으로부터 처음에는 반응을 얻다가도 지루하게 반복되다보면 반응이 없어지기 마련입니다.

사역 초기에는 일일이 "손을 좀 들어주십시오"라고 애걸하였지만, 우리나라의 문화적 특성을 고려해 보니 한국교회의 성도들처럼 설교 시간에 각 문장이 끝날 때마다 "아멘"으로 화답하는 문화도 없을 것이라는 판단이 섰습니다. 때로는 우리나라 성도들의 '아멘' 소리는 외국인 회중의 박수(때로는 기립박수)를 대체하기도 합니다.

그 이후로 "…… 하시는 분들은 '아멘'하시기 바랍니다"라고 통역을 하기 시작하자 즉시 반응이 나타나기 시작했습니다.

이렇듯 굉장히 쉬운 것도 문화적 차이를 고려하지 않은 채 직역하면 우리말로 우스꽝스러운 표현이 되는 말들이 얼마나 많은지 모릅니다. 그러나 반대로 한번 생각해 봅시다.

우리나라말로 '경건'이라고 하는 단어를 영어로 옮겨야 할 경우, 우리는 여러 동의어를 떠올릴 것입니다. 그러나 경건은 영어로 religion입니다. 이것은 하나의 전문용어(technical term)이기 때문에 본래의 뜻이 변질되기 않게 하기 위해서는 다른 단어를 선택하는 것은 금물입니다. 간혹 번역에 대해 잘 모르시는 분들은 '그렇다면, 종교(religion)라는 단어와 혼동할 우려가 없느냐?'고 반문할지도 모릅니다. 그러나 그렇지 않습니다. 직역은 바로 이럴 때 사용하는 것입니다.

그 때문에 상황에 따라 직역과 의역은 병행되어야 합니다. 이런 의미에서 본다면, 직역과 의역은 갈등 관계가 아니라 협력 관계입니다.

저는 지금까지 거의 30권의 책을 번역했지만, 애초에는 원서에 집착한 나머지 좋은 번역을 하지 못한 적도 있었습니다.

이런 경우를 생각해 보실까요? 남미의 경우, 『NIV 성경』이 젊은 세대들 가운데 큰 호응을 얻고 있지만, 아직까지 『Reina Valera (1960 번역본)』에 은혜를 받으시는 분들이 많이 있는 실정입니다.

이런 상식을 알고 있다면, 『Reina Valera (1960 번역본)』에 보면이라고 표기하는 번역가는 없을 것입니다. 왜냐하면, 번역은 등가를 찾는 작업이므로 이에 해당되는 성경이 바로 『한글개역성경』이기 때문입니다. 한글개역개정판은 『Reina Valera 1990』가 될 것입니다.

성경을 일일이 외국어로 표기를 하고, 논문을 쓰듯이 '역자 주: 이는 한글개역성경에 해당하는 스페인어 성경이다'라고 밝힌다면, 독자는 상당할 정도로 곤혹스러워 할 것입니다.

그러므로 직역과 의역은 책의 특성을 고려하여 어느 한 쪽에 무게를 싣는 것도 좋은 방안이 됩니다. 앞서 말했듯이, 낱말 하나로 논쟁이 불거지는 특성상 신학서적이나 논문을 번역하는 경우라면 의역보다 직역을 더 많이 해야 하고, 일반 신앙서적을 번역하는 경우라면 당연히 직역보다 의역에 무게가 실릴 것입니다.

엄밀한 의미에서, 직역과 의역이 있다기보다는 좋은 번역과 나쁜 번역이 있을 뿐입니다. 좋은 번역에 있어서 직역과 의역은 갈등 관계가 아닌 협력 관계입니다. 요점은 '개념'(concept) 전달이기 때문입니다.

저자의 한 마디

직역과 의역이 갈등관계가 아닌 협력관계라는 법칙을 깨닫는다면, 번역은 굉장히 쉬워집니다. 물론 글의 특성상 의역보다는 직역에, 직역보다는 의역에 무게의 축을 옮겨야 할 때가 있습니다. 어떤 번역가들은 직역을 선호하는 결과로 역자 주를 지나치게 많이 사용하는 것을 볼 수 있는데, 이는 글의 흐름을 끊어 놓기 때문에 바람직하지 않습니다.

문화를 파악하라

번역은 단순히 글을 옮기는 것이 아니라, 문화를 옮기는 생각보다 복잡한 작업입니다. 문화는 자신이 직접 경험해 보지 않고서는 원저자가 글로 전달하는 메시지를 온전히 이해하기란 거의 불가능합니다. 그 때문에 가능한 한 내가 번역하고자 하는 그 언어를 공식적으로 사용하는 나라에서 살아본 경험이 있거나 간접적으로나마 그 나라 친구들을 많이 사귀고 대중매체를 통해 끊임없이 그 문화를 받아들이면 번역에 큰 도움이 됩니다.

이런 의미에서 번역가는 걸어 다니는 백과사전이라야 합니다. 문화란, 언어가 살아 숨 쉬며 활동하고 있는 삶의 자리(life situation)이기 때문에 사실상 끝이 없습니다.

요즘에는 인터넷이 발달되었기 때문에 웬만한 정보는 다 찾아낼 수 있습니다. 그러나 제가 번역을 갓 시작했을 때만해도 그렇지 못했기에 작업을 하다가 막히는 부분이 있으면 그 분야에 그래도 지식이 있다고 하는 사람들에게 일일이 연락하여 궁금한 것을 묻곤 했습니다. 번역이 어려운 것은 글만 옮기는 것이 아니라, 글 사이 (between the lines)에 있는 의미, 즉 문화를 파악해야 하기 때문입니다.

언어는 부득불, 문화라고 하는 테두리 안에 존재합니다. 그 때문에 언어에 따라서 표현양식이 다르기 마련입니다. 바닥 문화에 익숙한 우리나라 사람들이 사용하는 '방석'의 등가는 서양인들에게 있어서는 '의자'일 것이고, 성경에 주로 '떡'이라고 번역된 것이 알고 보면, '빵'(bread)에 해당될 것입니다.

물론 등가를 찾는다는 것이 생각처럼 쉽지 않을 때도 있습니다. 실제로 어느 한 미국인이 우리나라에 와서 식당에 들어가 메뉴판에 '빈대떡'(Korean style pizza)을 주문했다고 합니다. 물론 그분은 모짜렐라 치즈에 기껏해야 고춧가루가 약간 가미된 이태리식 피자를 생각했습니다. 그런데 순수 한국식 빈대떡이 나오다니?

요즘 같으면 서양인들에게 자신 있게 'kimchi'라고 말을 했겠지만, 김치가 세계적으로 잘 알려지지 않았을 때 저는 이것을 가리켜 '한국식 샐러드'라고 소개한 적이 있었습니다. 물론 서양식 시저 샐러드 (Caesar salad)를 연상시키며 김치를 먹어본 사람들의 반응은 굳이 이 지면을 통해 말씀을 드리지 않아도 상상할 수 있으리라고 믿습니다.

문화를 파악해야 된다고 하는 것은 이런 웃지 못할 실수에서 심각하게 반복되어 원래의 뜻을 왜곡시키는 모습으로 발전될 수 있기 때문입니다.

'종교성'이라고 하는 단어가 우리나라에서는 불교와 유교문화를 연상케 하고, 미국에서는 형식적인 신앙을 떠오르게 하지만, 중남미의 경우 가톨릭 신앙과 연관되어 있습니다. 즉, 같은 형식주의이면서도 문화에 따라 독자들이 이해하는 바가 굉장히 다르다고 하는 뜻입니다.

번역은 글로 표현됩니다. 그러나 글 그 이상의 의미를 담고 있습니다. 두 언어의 문화적 차이를 고려하지 않고서 번역한다는 것은 상상도 할 수 없는 일입니다. 그러므로 문화를 파악하는 일은 좋은 번역을 위한 준비를 모두 갖추었다는 뜻이 되기도 합니다. 문화적 차이를 고려하여 '이렇게 번역하면 좋겠다'고 번뜩이는 생각, 그것이 좋은 번역을 이끌어 냅니다.

저자의 한 마디

번역은 단순히 글을 옮기는 작업이 아닙니다. 글은 물론 문화를 옮기는 고된 작업입니다. 그러므로 시간에 쫓기면서 너무 서두르게 작업을 하는 것은 금물입니다. 충분한 시간적 여유를 가지고 원문을 충분히 파악한 다음(필요하다면 관련 주제의 전문가나 원어민과 상의할 것을 권합니다) 출발어와 도착어가 서로 상상의 세계 속에서 대화를 나눌 수 있도록 하십시오. 지금 요구되는 번역은 '빠른 번역'이 아니라 '바른 번역'입니다.

제4장
번역을 위한 준비

역서도 내 책이다
성경을 꿰뚫어야 번역을 할 수 있다
책을 처음부터 끝까지 읽어보라
저자를 알아야 번역이 쉬워진다

역서도 내 책이다

번역은 재창조라는 말이 있습니다. 물론 이에 대한 알레르기 반응을 일으키는 현역 번역가들이 있는 줄로 압니다. 그 이유는 번역은 저작과는 달리 이미 존재하는 책을 다른 언어로 옮기는 작업이기 때문입니다.

그러나 번역의 중요성을 필요 이상으로 내세울 것 없이 번역이 또 다른 창조 작업이라고 하는 이유는 3가지로 정리할 수 있습니다.

1. 같은 원서라도 번역가에 따라 그 내용이 달라질 수 있기 때문입니다.

저작권이 문제가 되지 않았던 시절 우리나라에서는 무조건 먼저 번역하여 출간하는 사람이 시장을 점유하곤 했습니다. 때에 따라서 다른 두 출판사가 똑같은 책을 펴내는 일도 종종 발생하곤 했습니다. 물론 다른 번역가가 일을 맡았으므로 우리말로 풍기는 뉘앙스는 굉장히 달랐습니다.

저는 이것을 요리책과 요리사에 비유하고 싶습니다. 요리책에는 설탕 몇 스푼, 소금 몇 그램, 이렇게 표기가 되지만, 요리하는 이에 따라 그 맛은 천차만별입니다. 물론 거기에는 자신만의 경험과 노하우가 녹아들어 있습니다.

심지어 같은 번역가라도 똑같은 책을 두 번 번역하게 되면, 그 내용이 완전히 일치하지 않습니다. 저는 작업을 하다가 컴퓨터의 고장으로 한 장 전체를 날려버린(?) 적이 있습니다. 기계를 고치고 난 다음 다시 번역을 시도했지만, 나중에 우연찮게 찾아낸 자동저장 파일에는 전혀 다른 번역이 저장되어 있었습니다. 이렇듯, 번역하는 이와 각 상황에 따라 번역서가 달라지므로 번역은 창조라는 말이 맞습니다.

2. 번역가는 원서의 내용을 저자보다 더 깊이 생각하는 경우가 있기 때문입니다.

물론 저자가 각 문장마다 정성을 들이는 것은 의심할 여지가 없습니다. 그러나 번역가는 저자 못지않게 각 문장을 깊이 생각해야 합니다. 그 이유는 문맥의 흐름을 파악하기 위해서이겠지만, 우리말로 토착화 작업을 해야 하기 때문입니다.

때로는 번역을 하고 난 다음 다시 원문을 들여다보면서 '내가 번역한 것이 과연 맞나?'라고 의심하면서 시간 가는 줄 모르고 분석 작업에 들어가는 경우가 허다합니다.

3. 자신이 쓴 글이기 때문입니다.

완전한 창작은 아니지만, 그렇다고 해서 원서가 우리나라 말로 기록된 것도 아닙니다. 그렇지 않으면 번역할 필요가 없겠지요. 모든 번역서는 원저자의 펜은 물론이고 역자의 펜을 거쳐야 탄생할 수 있습니다.

신학교 시절에 있었던 일입니다. 교수님께서 여느 때보다 몸이 가벼워 보였던 적이 있습니다. 알고 보니, 자신이 번역한 책이 출간된 것이었습니다. 번역서를 주 교재로 쓰면서 교수님께서는 "이 부분은 번역이 잘못되었습니다. 여러분, 이렇게 고쳐주세요. 여러분은 저자와 함께 이렇게 직접 공부할 수 있다는 것이 큰 복입니다."라고 말씀하시는 것이었습니다.

저는 그때 교수님께서 왜 자기 자신을 고의적으로 역자가 아닌 저자로 소개했는지를 뒤늦게서야 알게 되었습니다. 즉, 자신이 글을 썼다고 하는 것에 대한 자부심의 표현이었습니다.

지금으로부터 10년 전 저의 첫 번째 역서가 나왔을 때 책을 끌어안고 잠을 잔 기억이 아직도 생생합니다. 그리고 제가 쓴 '역자의 말'을 300회 이상은 읽었습니다. 동의하지 않는 분들이 있겠지만, 제가 옮긴 역서가 출간되는 순간 그것은 산모가 아이를 출산하는 그런

묘한 기쁨을 느꼈다고나 할까요?

역서도 내 책이라고 말할 수 있는 이유는 여기에 있습니다. 그러므로 번역을 위한 첫 번째 준비로서 당신은 번역을 한다는 자부심, 즉 앞표지에 나의 이름이 새겨진다는 것만으로도 신성한 자세를 가질 만한 충분한 이유가 됩니다.

저자의 한 마디

번역이 완전한 창작은 아니지만, 재창조임에는 틀림없습니다. 번역가들의 직업병 중의 하나는 자신의 역서를 저서처럼 소개한다는 데 있습니다. 이는 그만큼 저자 못지않게 역자의 정성이 들어가기 때문입니다. '역서 역시 역자의 책'이라는 말이 맞습니다.

성경을 꿰뚫어야 번역을 할 수 있다

기독교 서적을 번역하다 보면, 저자에 따라서 친절하게 괄호 안에 어느 책 그리고 장,절이 표시되어 있는가 하면, 분명히 성경구절인데 어디서 인용한 것인지 찾는 데 굉장히 애를 먹는 경우가 있습니다.

더욱이 저자가 현대어성경을 인용했을 경우에는 더욱 더 그렇습니다. 왜냐하면, 성경낱말 사전을 아무리 찾아봐도 그 성구를 찾기에는 역부족이기 때문입니다.

심지어 원서에 잘못 표기된 장,절도 있습니다. 예를 들어, 원서에는 분명히 '마태복음 8장 20절'이라고 표기되어 있는데, 실제로 그 성구를 찾아보면 전혀 다른 성구가 나타나는 것을 간혹 발견할 때도 있습니다. 물론 역자가 저자보다 앞서거나 자신의 목소리를 너무 크게 내서는 안 되지만, 너무나도 자명한 오타일 경우에는 역자가 이를 수정해야 할 필요가 있습니다. 위의 경우, '마태복음 18장 20절'이 본래 해당되는 구절일 수도 있습니다.

이런 유형의 애로사항을 발견했을 경우에 성경에 대한 기본지식이 없다면, 그냥 지나쳐 버리고 말 것입니다. 물론 그것은 오역 내지 반역에 이르는 지름길입니다.

이것이 바로 일반 번역가가 기독교 서적을 번역하지 못하는 주된 이유입니다. 즉, 사전을 적극적으로 활용하여 얼마든지 번역할 수 있을 것 같지만, 기독교 번역을 한다는 것은 성경을 꿰뚫고 있어야 한다는 것을 전제로 하고 있습니다.

오래전 일이지만 언젠가 전문번역가에게 신학대학원의 성적증명서를 공증 및 번역을 해달라는 의뢰를 한 적이 있습니다. 공인번역사(public translator)는 프리랜서 번역사와는 달리 번역학계에 소속되어 자신이 번역한 문서를 법적으로 공증할 수 있는 자격을 가진 전문인입니다.

그러나 곧바로 연락이 왔습니다. 내용인즉, 대학원에서 수강한 과목의 제목을 어떻게 번역해야 될지 전혀 모르겠다고 하는 것이었습니다. 그분의 실력은 의심할 여지가 없었지만, 신학에 대한 '전문성'이 없었으므로 상식만을 가지고서는 번역이 불가능한 것이었습니다. 이렇듯, 때로는 사전이 무용지물일 때도 있습니다.

결국에는 매일같이 성경을 읽고 묵상하는 그리스도인이 기독교 번역도 잘 할 수 있다고 하는 이치입니다.

어떤 문장들은 평이한 것 같은데, 알고 보면 성경구절을 인용한 것임을 알아챌 수 있습니다.

"우리는 육신의 정욕과 안목의 정욕, 그리고 이생의 자랑을 따라 가서는 안 됩니다. 그 대신에 마음의 변화를 받아 하나님의 선하시 고 기뻐하시고 온전하신 뜻이 무엇인지 분별하도록 해야 합니다."

위의 문장의 경우, 같은 말이라도 우리에게 익숙지 않은 외국어로 이것을 읽는다면 미처 성경구절, 즉 요한 1서 2장 16절과 로마서 12장 2절을 인용한 것인지 몰라 구어체로 번역할 때가 있다는 것입 니다.

물론 이것은 결정적인 실수가 아닐 수도 있으며, 어떤 이들에게 는 색다른 느낌을 전달할 수도 있을 것입니다. 그러나 통역설교에서 도 통역사가 성구를 암기해서 막힘없이 성경에 기록된 그대로 성구 를 말하는 것과 자기 나름대로 생각해서 우리말로 통역을 하는 것에 는 엄청난 차이가 있습니다.

여러 가지가 있겠지만, 가장 큰 차이는 성경구절을 그대로 토씨 하나 틀리지 않고 인용하지 않으면 은혜가 그만큼 현저하게 떨어진 다는 것입니다.

한 번 듣는 것으로 만족해야 하는 통역설교도 이런데, 영구적인 글로 남는 번역의 특성을 고려할 때 성경적인 표현에 무지해 성구를 구어체로 의역하여 성의 없게 번역한다고 하는 것은 무책임한 행동이 아닐 수 없습니다.

저는 언젠가 어느 유명 목사님의 해외집회 동영상을 본 적이 있습니다. 물론 영어를 굉장히 유창하게 하시는 분이었기 때문에 성도들을 위해 한국어 자막이 표시되어 있었습니다.

그런데 이게 웬일입니까? 목사님께서는 너무나도 유명한 성경구절을 인용하여 영어로 "we are more than conquerors"(롬 8:37)라고 했는데, 자막에는 "여러분은 승리자 그 이상입니다."라고 번역되어 나타나는 것이었습니다.

'승리자 그 이상이라…' 곧바로 저는 깊은 생각에 빠져 왜 그 동영상을 번역하신 분이 '승리자 그 이상'이라고 했을까 하며 고민했습니다.

추측컨대, 설교자들이 성구를 인용할 때 강조에 꼭 필요한 부분만 끄집어내어 말할 때가 많다는 것입니다. 아마 설교자가 로마서 8장 37절의 말씀을 처음부터 끝까지 인용했더라면, 번역하시는 분은 곧바로 '아, 성경구절이구나. 영어성경을 한번 찾아봐야지.'라고 생각했을 텐데, 그저 평이하게 들리는 말이었기 때문에 문자적으로 번역한 것이었습니다.

기독교 번역을 위한 가장 중요한 자격요건은 성경지식입니다. 성경구절을 아는 것뿐만 아니라, 성경적인 표현을 활용할 줄 알아야 합니다. 그래야 은혜로운 번역을 할 수 있습니다. 성경을 떠난 기독교 번역이란 있을 수 없습니다. 그러므로 당신이 매일같이 우리말

또는 외국어로 된 성경을 읽고 묵상하는 그리스도인이라면, 번역을 할 수 있는 조건은 다 갖춘 셈입니다.

저자의 한 마디

때로는 원문에 성구의 장,절표기가 되어 있지 않아 시간을 굉장히 소비할 때가 있습니다. 더욱이 저자가 현대어성경과 같은 전통적인 버전을 인용하지 않았을 때에는 더욱 더 그렇습니다. 그러므로 설교자에게는 성경과 신문이 필요하듯이 기독교 전문 번역가에게는 다양한 버전의 성구사전(Bible Concordance)이 요구됩니다. 영어를 예로 든다면, 『KJV Bible Concordance』, 『NIV Bible Concordance』는 기본입니다. 최근에는 『한글개역성경 성구사전』과 『한글개역개정성경 성구사전』도 없어서는 안 될 자산입니다.

책을 처음부터 끝까지 읽어보라

시간에 쫓기다 보면, 저도 가끔 책을 한번 읽어 보지 않고 작업을 시작하는 경우가 있습니다. 그러나 이는 권장할 만한 방법이 아닙니다. 특별한 경우가 아니라면, 좋은 번역을 하기 위해서는 책을 처음부터 끝까지 한번 읽는 것은 기본입니다.

책에는 글의 흐름이라는 것이 있습니다. 그런데 번역하고자 하는 책을 처음부터 끝까지 읽지 않고서는 그 흐름을 잡기가 거의 불가능합니다. 즉, 일관성 때문입니다. 이는 마치 어느 한 주부가 이웃집 아주머니와 어제 본 TV 드라마에 대해 이야기할 때 최근에 시청한 각종 영화, 다큐멘터리, 드라마에 등장하는 인물들의 이름을 혼동하며 말하는 것과 같은 이치입니다. 이런 현상은 소설책을 번역하시는 분들에게 더 해당이 되는 이야기입니다.

소설에는 주인공을 둘러싼 여러 인물들이 등장합니다. 물론 그 인물들은 서로 친인척 관계일 수도 있고, 서로 묘하게 얽힌 사이일 수도 있으며, 심지어 외국어 이름과 등장 인물들이 서로 대화할 때 주로 사용하는 애칭이 있다면 혼동은 불가피하기도 합니다.

그 때문에 소설을 번역하시는 분들은 번역하고자 하는 책을 처음부터 끝까지 읽되 자기 나름대로의 도표를 그린다고 합니다. 도표를 그림으로써 누가 등장하며, 서로 어떤 사이이며, 앞으로 관계가 어떻게 발전하는지 등의 표기를 하면 나중에 번역할 때에 인물들을 혼동하지 않을 수 있습니다.

소설은 좀 더 전문적인 영역이지만, 기독교 서적에서도 이런 문제는 얼마든지 일어날 수 있습니다.

1장에서는 목회자로 소개되는 인물이 7장에 가서는 평신도로 돌변하는가 하면, 저자 자신이 속한 선교단체의 이름이 같은 책에서 여러 번 변경되는 경우도 있습니다.

성명이나 지명의 표기도 마찬가지입니다. 특별히 우리에게 익숙지 않은 성명, 혹은 지명을 번역할 때에는 'ㅍ'으로 표기를 해야 하는지, 'ㅎ'으로 표기해야 하는지 혼동될 때가 있습니다. 세계적으로 잘 알려지지 않아 어느 자료에도 공식적인 표기를 찾는데 실패한다면, 둘 중의 하나를 선택하되 일관성 있게 써야 합니다.

책을 처음부터 끝까지 읽어야 하는 또 다른 이유는 책을 읽으면서 내용을 상당할 정도로 마스터하며, '이런 건 우리말로 어떻게 옮기지?' 하며 충분한 시간을 갖고 고민할 수 있다는 것입니다. 즉, 번역할 때에는 번역해야 할 내용을 이미 알고 있으므로 좀 더 여유로운 작업이 가능합니다.

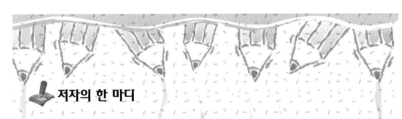

저자의 한 마디

이름난 번역가가 아닌 이상 출판사가 번역의뢰를 하기보다 번역가가 먼저 책을 소개하는 방식으로 일이 진행됩니다. 따라서 한국교회에 꼭 필요한 서적이라고 생각되고 시장성도 어느 정도 있다고 판단될 경우, 그런 유형의 책을 발간한 출판사를 선정하여 '번역서 출간 청원서'를 보낼 것을 권장합니다. 출간 청원서 양식은 출판사마다 조금씩 다르지만, 해당 출판사 홈페이지에서 어렵지 않게 다운받을 수 있습니다.

저자를 알아야 번역이 쉬워진다

우리가 번역해야 할 기독교 서적 중에는 『천로역정』과 같은 고전들이 있는 것이 사실입니다. 저자가 고인이라면 어쩔 수 없는 일이지만, 대개의 경우 생존하는 인물입니다.

요즘은 지구촌 시대이기 때문에 아무리 먼 외국에서 사역하고 있는 저자라고 하더라도 만날 수 있는 기회가 전혀 없는 것은 아닙니다. 내가 찾아가든지, 아니면 그가 오면 됩니다. 그것도 안 된다면, 인터넷을 통해 교제할 수 있고, 필요 시 여러 동영상을 요청할 수도 있습니다.

저자를 알고 번역에 임하는 것은 의외로 작업하는 데 큰 도움이 됩니다. 저자를 알면 글로 미처 새겨지지 않은 보다 넓은 그의 사상을 접할 수 있기 때문입니다. 그저 글에 얽매어 알지도 못하는 사람의 글을 우리말로 옮기느라 애쓰는 모습과는 차원이 전혀 다른 것이지요.

언젠가 모 출판사에서 연락이 온 적이 있습니다. 이유인즉, 영문으로 된 책을 번역해 달라는 것이었습니다. 당시 학생의 신분으로서 번역료에 대한 욕심이 없었던 것은 아니지만, 저는 고민하지도 않고 거절했습니다. 그 이유는 알지도 못하는 저자의 글을 번역할 자신이 없었기 때문입니다. 물론 저는 한국어-스페인어, 스페인어-한국어 기독교 전문 번역가이기 때문인 탓도 있었지만, 제가 그 일을 맡을 경우 왠지 다른 번역가의 전문영역을 침해하는 기분이었습니다.

저는 지금까지 거의 30여 권의 책을 번역했지만, 저자와 개인적으로 친분을 맺지 않고는 번역 일을 맡지 않았습니다. 왜냐하면, 번역한다는 것은 곧 그분의 사역을 그만큼 이해한다는 뜻도 내포하기 때문입니다.

오늘날 남아메리카의 부흥에 크게 쓰임받고 있는 주의 종들과 이런 친분을 갖게 된 것 역시 저의 사역에 있어 놀라운 일이 아닐 수 없습니다. 저는 지금도 그분들과의 인연으로 때로는 통역강사로 섬기기도 하는데, 그분들과 대화를 나눌 때마다 저의 비전이 그만큼 확장되어감을 느끼기도 합니다.

글이 아니라 인격과 사상을 알고 있기에 그분들의 책을 번역할 때에도 글 사이에 숨어 있는 그분들의 본래의 의도를 충분히 알고 있습니다. 심지어 그분들의 책을 읽을 때면 분명히 외국어로 되어 있는데, 오랜 경험 탓에 한국말로 읽혀질 때가 있습니다.

저자와 개인적으로 친분을 쌓으면 유익이 되는 또 다른 이유는 간혹 번역을 하다 보면 막힐 때가 있기 때문입니다. 독해력이 부족해서도 아닌데, 왠지 상황과 문맥이 이해되지 않을 때가 가끔 있습니다. 이런 경우에는 그냥 지나치는 것보다 저자에게 직접 문의를 하는 것이 바람직합니다. 대개의 경우, 저자는 이런 역자의 질문을 기분 좋게 받아들입니다.

이렇듯, 저자를 알고 번역하는 것은 차원이 다릅니다. 당신이 번역하고 싶은 책을 발견했다면, 가장 먼저 해야 할 일은 저자와 직접 한번 연락을 해 보는 것입니다. 저자로부터 직접 글을 쓰게 된 동기 및 그 뒷이야기를 포함한 부연설명이 들어 있는 한 통의 이메일을 받았을 때의 느낌은 역자만이 만끽할 수 있는 희열입니다. 이 정도가 되면 번역을 위한 준비단계는 이미 끝났다고 봐도 좋습니다.

저자의 한 마디

번역하고 싶은 책을 발견했다면, 저자와 먼저 접촉을 시도해 보는 것은 매우 바람직한 일입니다. 때로는 우리말로 출간되지는 않았지만 이미 출판계약을 맺어 번역 중인 서적들도 얼마든지 있을 수 있습니다. 이런 경우에는 인터넷 대형서점을 아무리 검색 해봐도 알 수 없으니 저자 또는 출판사와 직접 연락하여 저작권 문제를 먼저 상의해보는 것이 좋습니다.

제5장
번역, 이렇게 하라

문장마다 정성을 들이라
수차례에 걸쳐 교정을 보라

문장마다 정성을 들이라

통역과는 달리 번역은 활동범위가 굉장히 넓습니다. 통역은 기껏 해야 통역부스 안에 들어가서 통역을 하든가, 아니면 설교자와 함께 강단에 올라가서 통역을 하는 것이 전부입니다. 그러나 번역은 시공간을 초월한 작업입니다. 제가 번역이 최고의 강단이라고 주장하는 이유는 여기에 있습니다.

번역의 또 다른 특징은 충분한 시간을 가질 수 있다는 것입니다. 통역이 순발력을 요구하는 하나의 기술이라고 한다면, 번역은 상상력을 요구하는 하나의 예술입니다.

더욱이 영구적으로 보존될 문서를 내가 쓴다는 것에는 보람도 있지만 그에 따른 책임도 따릅니다. 그 때문에 번역을 하기 위해서는 문장마다 정성을 들여야 합니다. 각 문장은 내가 독자들에게 건네주는 하나의 품질보증서와도 같습니다.

별 생각 없이 번역할 수 있는 문장도 두 번 생각하다 보면, 보다 자연스럽고 매끄러운 아이디어가 떠오르기 마련입니다. 즉, 똑같은 의미를 도착어로 다르게 표현하는 실력을 늘리는 것을 말합니다.

역으로 우리나라 사람이 외국어로 글을 옮긴다는 것은 말처럼 그리 쉬운 일이 아닙니다. 그 이유는 아무리 외국어에 능통한 사람이라고 할지라도 원어민의 뉘앙스를 이해하고 이를 적절하게 표현하기란 의외로 고된 작업이기 때문입니다. 그러나 진짜 좋은 번역은 뉘앙스까지 전달됩니다. 그 때문에 많은 전문 번역가들은 소위 엉터리 번역은 단어 하나에 달려 있다고들 말합니다.

언젠가 한인 2세들을 위한 수련회에서 강사로 섬긴 적이 있습니다. 주최측 담당 전도사님께서 번역을 해야 되기 때문에 설교의 내용을 요약해서 미리 보내달라고 했습니다. 안 그래도 정성을 들여 원고를 준비하고 있는 터라 요약해서 보내 드렸습니다.

집회장소에 도착하자마자 팜플렛을 보고서는 저의 설교의 아웃라인을 번역한 학생이 누구인지를 확인하고서 후배를 만난 벅찬 기분에 칭찬과 격려를 아끼지 않았습니다. 그런데 제가 그렇게까지 신경을 쓴 이유가 또 있습니다.

"성령은 꿈과 환상을 통해서 역사하신다"는 것이 제 설교의 요지였는데, 그 학생은 환상이라는 말을 'vision'이라고 번역하지 않고 'illusion'이라고 번역했습니다. 그것도 그럴 것이 사전에 '환상'이라는 단어를 찾아보면 이에 해당되는 영단어가 'illusion'이기 때문입니다.

물론 이런 실수는 결국 성경을 일일이 찾아보지 않은 결과로 나타난 것이지만, 단어 하나가 잘못 번역됨으로써 얼마나 큰 차이가 드러나는가 하는 것입니다.

어떤 분들은 원문에 충실한다고 하면서 구두점(punctuation)을 있는 그대로 옮기는 경우가 있습니다. 물론 장과 문단까지 역자가 임의로 변경해서는 안 되겠지만, 구두점까지 옮기는 것은 곤란합니다. 왜냐하면, 각 언어마다 독특한 표현법이 있기 마련이기 때문입니다. 구두점의 사용방법도 제 각기 다릅니다.

이 모든 것은 도착어로 표기된 각 문장에 정성을 들이지 않았다고 하는 것을 단적으로 드러내는 예입니다. 결국 독자들은 원서를 접하지 않고 내가 번역한 글을 접한다고 하는 사실을 간과해서는 안 될 것입니다. 이를 위해서는 충분한 시간을 할애하여 각 문장마다 정성을 들여 번역에 임하는 길 외에는 좋은 번역을 보장해 주는 다른 방법이 없습니다.

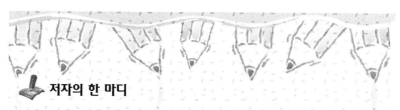

저자의 한 마디

번역된 원고를 출판사에 보낼 때에는 초고를 보내지 말고, 완성된 원고만을 보내야 합니다. 번역가로서 좋은 책을 소개하고 여러 가지 할 말이 많을 수도 있겠지만, 결국 출판사의 입장에서는 원고로 객관적인 평가를 합니다. 그러므로 매끄러운 문장은 물론이고, 책의 개성을 살리기 위해 약간의 편집은 얼마든지 권장할 만한 일입니다.

수차례에 걸쳐 교정을 보라

번역이 일단 끝나면 번역가는 번역본이 곧바로 책으로 출간되었으면 좋겠다는 생각을 하게 됩니다. 일반적으로, 출판사에 원고를 넘기고 나면 몇 개월은 기본으로 기다려야 합니다. 앞표지에 나의 이름이 새겨져 나온다는 사실 하나만으로도 번역가는 설레는 마음을 어찌할 수가 없습니다.

그러나 이것은 초고에 지나지 않습니다. 사실 번역을 하고 나면, 가정용 프린터로 인쇄를 해서 원고를 보게 되는데, 좌절할 정도의 문장 실력, 앞뒤가 안 맞는 문체, 셀 수 없을 정도로 많은 오타, 등으로 다리에 힘이 빠질 때가 한두 번이 아닙니다.

그러나 걱정할 필요는 없습니다. 이것이 출판사에 보내는 최종 원고는 아니니까요. 일단 초고를 마쳤으면 퇴고를 수차례에 걸쳐 봐야 합니다. 퇴고란, 여러 번 생각하고 반복하여 뜯어고치는 교정을 의미합니다.

여기서 중요한 것은 원서를 일단 접고, 도착어로 일단 자연스럽고 매끄럽게 번역되었는지를 살펴보는 일입니다. 어떤 분들은 처음부터 초고를 들고 원서와 비교하시는데, 자칫 잘못하면 불필요한 언어분석으로 시간을 낭비할 수 있습니다. 결국에는 도착어가 중요한 것이기 때문에 수차례에 걸쳐 교정을 보면, 글의 완성도가 높아지게 되어 있습니다.

저는 일단 초고를 끝내면, 원고를 손에 들고 번역에 소요된 시간의 50% 정도를 퇴고에 할애합니다. 책을 한권 번역하는데 4주 가량 걸렸다면, 최소한 2주 정도는 퇴고를 봐야 완성된 글을 보장할 수 있습니다.

저의 경험에 비추어 볼 때 초고를 최소한 3회 정도 '천천히' 읽는 것은 기본입니다. 언어는 부득불, 문화라고 하는 테두리 안에 존재하기 때문에 각 언어의 뉘앙스는 의외로 중요합니다. 좀 극적인 예이지만, "할머니, 오래 사세요."와 "할머니, 오래도 사시네요."라고 하는 말에는 동이 서에서 먼 것같이 엄청난 차이가 있는 것 아니겠습니까?

일부 번역가들의 문제는 익히 알고 있는 단어나 문장은 쳐다보지도 않고 지나친다는 데 있습니다. 예를 들어, 주일학교 때부터 암기하는 유명 성구인 경우에는 성경을 찾아보지도 않고 생각나는 대로 글을 옮기기도 합니다. 요즘에는 온라인 성경을 편집하는 경우도 종종 목격합니다.

현대기술을 적극적으로 활용하는 것은 환영할 일이지만, 성구를 잘못 암기하여 일부를 적지 않거나 온라인 성경을 인용하는 경우에는 따옴표 사용이나 온라인성경 자체에 오타가 있을 경우에는 그대로 옮기는 것이 문제입니다. 그러므로 아무리 잘 아는 성구라고 할지라도 성경을 찾는 공을 들이십시오. 간혹 틀리는 경우가 얼마든지 발생할 수 있습니다.

또 한 가지 주의해야 할 점은 번역가는 문장은 물론이고, 오타까지 책임을 져야 합니다. 아무리 훌륭한 번역이라고 할지라도 오타가 발견되는 원고의 수준은 그만큼 값어치가 없어 보이기 마련이니까요.

이런 의미에서 저는 번역가들이 교정을 보는 분들을 지나치게 신뢰하지 않을 것을 권하고 싶습니다. 어떤 번역가들은 자신이 이해하지도 못한 글을 번역하면서 스스로 '교정 과정에서 어떻게 되겠지, 뭐.'라고 생각하기도 하는 것 같습니다.

저는 이런 실수를 범한 적이 있습니다. 스페인어에는 두 종류의 악센트가 있습니다. 하나는 표기되는 Tilde이고, 또 다른 하나는 표기가 되지 않는 Acento입니다.

물론 컴퓨터가 알아서 자동적으로 악센트(Tilde)를 표기하긴 하지만 아직까지는 정확도가 다소 떨어지기 때문에 번역가는 일일이 악센트를 표기해야 하는 다소 지루하고 따분한 작업을 해야 하는 경우가 허다합니다.

그런데 저는 번역에 들인 정성을 악센트 표기에는 신경쓰지 않았던 것입니다. 교정을 보는 분이 '알아서 하시겠지'라고 생각하고 원고를 넘겼는데, 몇 개월 이후 출간된 책을 보니 부끄러워 더 이상 읽지 못한 경험이 있습니다.

남미의 어느 동물원에서 있었던 일입니다. 팩스로 "원숭이 3-4마리 좀 더 보내주세요."(3 6 4 monos)라고 하는 내용을 수신자가 그만 오인해서 304마리를 보냈다는 이야기를 듣고 한참 웃은 적이 있습니다. 실수는 악센트 하나에 달려 있습니다.

그러므로 좋은 번역의 비결은 시작하는 과정이 아니라 마치는 과정에 있음을 기억하시기 바랍니다. 토기장이가 진흙을 빚고 또 빚어 좋은 그릇을 만들 듯 번역가는 자신이 쓴 글을 교정하고 또 교정함으로써 탁월한 번역을 세상에 내놓을 수 있습니다.

이 세상에 완벽한 번역이란 존재하지 않습니다. 번역본은 언제까지나 번역본일 뿐입니다. 그러나 수차례에 걸쳐 교정의 과정을 거친 번역본을 능가할 번역본은 이 세상에 어디에 찾아봐도 없습니다.

저자의 한 마디

완성된 원고를 출판사에 넘기면 대개의 경우 6개월에서 1년이 지나야 책이 출간됩니다. 물론 번역가는 완성된 원고만을 보내야 하겠지만, 혹시 뒤늦게 발견한 오타나 잘못된 부분이 있다면, 즉시 편집자와 연락하여 수정하는 것이 좋습니다. 번역가의 경솔함으로 인해 저자의 책의 질이 보장되지 않은 일은 최소한 없어야겠지요.

제6장
번역서를 볼 때마다 궁금했던 사항

역자의 말
번역기계는 참고사항 그 이상이 될 수 없다

역자의 말

'번역은 창작의 하인'이라는 말이 있습니다. 물론 이 말은 번역의 세계를 잘 이해하지 못하는 사람들이 빗대어 하는 말입니다. 알고 보면, 통번역은 언제까지나 타인을 위한 하나의 서비스를 제공하는 것이므로 이런 말이 생기게 된 배경이 어느 정도는 수긍이 되기도 합니다.

그러나 번역이 없는 세상은 있을 수 없습니다. 이 세상에 번역가라고 하는 직업이 사라진다면, 인류는 더 이상 존속하지 못할 것입니다. 인간은 언어를 통해 의사소통을 하며, 지구상에는 6천 개 이상의 언어가 있기 때문에 인류가 존속하는 한 번역의 중요성은 더욱더 부각될 전망입니다.

사람들은 흔히 책 앞표지에 역자의 이름이 왜 저자의 이름과 함께 나란히 표기되는지 궁금해 합니다. 그러나 모든 나라에 이런 관행이 있는 것은 아닙니다. 스페인어권의 경우, 역자의 이름은 그 어디에도 찾아볼 수 없습니다.

저는 이것이 번역가에 대한 사회적 인식수준을 반영한 것이라고 생각합니다. 즉, 우리나라에서는 그나마 번역에 대한 중요성을 일깨우기 위해 앞표지에 역자의 이름이 나타나는 것을 넘어서서 심지어 '옮긴이의 말'이 있지 않나 생각해 봅니다.

어떤 책에 보면, '역자 후기'도 수록되어 있는데, 저는 이에 대해 그리 좋은 인상을 가지고 있지는 않습니다. 이유인즉, 역자는 독자들이 원서를 보다 깊이 이해하기 위해 저자가 서문에서 밝히지 않은 것을 밝히고, 독자들에게 자신의 부족한 번역에 대해 양해를 구하며, 끝으로 지인들에게 감사의 마음을 전하는 것만으로도 충분하기 때문입니다.

실제로 스페인어권에서는 역자의 이름이 앞표지에 나타나지 않기 때문에 언젠가 저는 현지 출판사 사장님께 '옮긴이의 말'을 쓰게 해줄 것을 요구한 적이 있습니다. 사장님은 이를 흔쾌히 허락하여 중남미권의 독자들이 책을 접하기 전에 알아두어야 할 사항들이 있다고 생각하여 글을 썼습니다.

그리하여 본의 아니게 스페인어권 기독교 부문에서는 최초로 '옮긴이의 말'을 쓰는 사람이 되었지만, 저는 번역가에 대한 사회적 인지도가 보다 높아져야 한다고 평가합니다.

번역가가 자신의 신념, 의견, 취향, 더 나아가 지역적, 정치적, 종교적 견해를 피력해서는 안 됩니다. 번역에도 직업윤리라고 하는 것이 있습니다. 이런 것으로 미루어 보아 어떤 한글 번역본에 번역가의 종교적 이념에 따라 하나님이 때로는 '신', 또는 '하느님'으로 번역되는 일은 바람직하지 않습니다. 물론 저자의 뜻과 독자층이 특정 종교를 따른다면 이야기는 달라집니다. 그러나 역자에 따라 이런 변화가 나타난다는 것은 불필요한 노출이라고 봅니다.

번역가가 없으면 번역서도 존재하지 않습니다. 그 때문에 보다 많은 번역서가 출간되기 위해서는 번역가에 대한 대우도 그만큼 높아져야 할 것입니다.

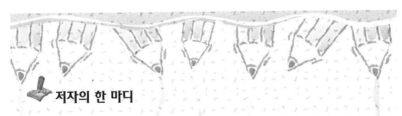

저자의 한 마디

개인차가 있는 것은 사실이지만, 보통 작업을 끝내는 데에는 1개월에서 3개월 정도 걸립니다. 물론 번역 일만을 하시는 분들은 1개월이고, 저와 같이 목회자로서 시간을 쪼개어 작업을 해야 하는 경우라면 3개월 정도는 잡는 것이 좋을 듯 합니다.

번역기는 참고사항 그 이상이 될 수 없다

요즘에는 기계가 인간을 대체하고 있습니다. 제조업에서부터 가사 일까지 기계가 모든 것을 혼자 알아서 척척 해내고 있는 실정입니다. 이 정도가 되면 '번역도 기계에 전적으로 맡길 때가 오지 않을까?' 생각하시는 분들도 있을 줄로 압니다.

우리나라 통역계에 선두역할을 한 최정화 교수의 『통역번역노하우』라고 하는 책에 보면, 언젠가 유럽연합(EU) 집행위원회에서 전체 예산의 25%를 자동번역기계 개발에 투자했지만 실패하고 말았다고 하는 내용이 있습니다. 이는 번역료를 줄이기 위한 것이었으나 결국에는 더 많은 비용을 낭비한 셈이 되었습니다.

이렇듯, 번역기는 참고사항 그 이상이 될 수 없습니다. 사람은 각 단어의 뉘앙스, 상황과 문맥, 내포적 의미까지 고려하지만, 컴퓨터는 기계적으로 번역을 하기 때문에 그 한계란 이미 누구나 익히 알고 있는 바입니다.

언젠가부터 웬만한 포털 사이트에서는 번역(translate this page) 옵

선을 제공하고 있습니다. 물론 완벽한 번역과는 거리가 멀고, 심지어 해독 불가인 경우가 대부분입니다. 기계는 언어 자체의 개념을 번역할 뿐, 인간처럼 창의적인 번역을 할 수 없기 때문입니다.

그렇다고 해서 자동번역기가 무용지물인 것은 아닙니다. 인터넷 포털 사이트에서 제공하는 번역 서비스를 이용하여 그대로 문서화하면 안 되겠지만, 보조수단으로는 얼마든지 활용도가 높을 수도 있습니다. 영어가 아닌 제 2의 외국어로 된 홈페이지를 방문했을 때 자동번역기는 의외로 큰 도움이 될 수 있습니다.

자동번역기는 앞으로 더욱 더 발전에 발전을 거듭할 것입니다. 그러나 이것은 결단코 인간의 노고를 대체하지는 못할 것입니다. 그만큼 텍스트를 대하며 '어떻게 표현을 해야 하나?' 하며 심사숙고하는 번역가는 소중한 것입니다.

저자의 한 마디

번역기는 말 그대로 기계적인 번역을 하기 때문에 한계가 있습니다. 그러나 내가 전혀 모르는 언어일 경우에는 큰 힌트를 제공한다는 의미에서 적극 활용할 것을 권장합니다.

제7장
번역가가 얻는 3대 이익

외국 목회자의 폭넓은 메시지를 신속하게 접할 수 있다
번역을 잘하면 탁월한 통역사가 될 수 있다
번역을 잘하면 탁월한 작가가 될 수 있다

외국 목회자의 폭넓은 메시지를 신속하게 접할 수 있다

번역가는 일반인들에 비해 한 걸음 앞서 있습니다. 이유인즉, 외국의 정보를 신속하게 접할 뿐만 아니라, 번역을 고려하여 메시지를 분석 몇 평가할 수 있는 기회가 많기 때문입니다.

실제로 일부 번역가들은 맡겨진 책을 번역하는 일을 뛰어 넘어서서 직접 외서를 기획하기도 합니다. 외서란, 번역가가 직접 국내 혹은 해외에 책을 소개하고 때에 따라서는 저작권까지 획득하여 출간 과정까지 관여하는 것을 뜻합니다.

일반 출판계에서는 이미 저작권 에이전시가 활발하게 활동하고 있기 때문에 번역가가 직접 저작권을 획득하기란 매우 힘든 일이 되어 버렸습니다. 그러나 아직까지 기독교 서적과 관련해서는 번역가가 직접 획득하거나 국내 혹은 해외 출판사를 통해 자신이 직접 책을 소개하고 번역할 수 있는 길은 얼마든지 열려 있습니다.

저는 지금까지 수십 권의 책을 번역했지만, 저작권에 직접 관여

하지 않으면서도 저명한 출판사가 이를 획득할 수 있도록 적극적으로 협조했습니다. 이것은 그만큼 번역에 종사하시는 분들에게 기회는 얼마든지 있으므로 일감을 기다리기보다는 직접 찾아 나서는 것도 좋은 기회로 발전될 수 있는 가능성은 무궁무진합니다.

번역가라고 하는 일의 특성상 온라인상 전 세계를 다니며 신간을 찾아야 하니 자연스럽게 세계 기독교의 최근동향에 대해 배울 수 있는 기회가 많습니다. 또한 외국 목회자의 폭넓은 메시지를 신속하게 접하다 보면, 나의 신앙관도 그만큼 성숙하게 됨을 만끽하게 됩니다.

"책 한 권 읽은 사람이 가장 무서운 사람이다"라는 말이 있습니다. 그만큼 '우물 안 개구리'식 사고를 하게 된다는 뜻인데, 국내 뿐만 아니라 해외의 최근 기독교 서적들을 접하다 보면 생각의 폭이 굉장히 넓어지고 국제적인 감각을 얻는 것은 물론 세계 기독교가 어떤 방향으로 흐르고 있는지를 알 수 있습니다.

제가 스페인어권의 기독교 번역 전문가가 될 수 있었던 것은 항상 새로운 원서를 찾는 습관에서 비롯되었습니다. 국내에서는 '남미와 아프리카, 즉 제 3세계에 놀라운 성령의 역사로 인해 큰 부흥이 나타나고 있다'는 소문만 있을 뿐, 구체적인 사례, 또는 이를 소개하는 글이 전혀 없습니다.

이를 관심 있게 지켜보고 있던 저는 남미 기독교 부흥에 크게 쓰임 받는 사람들이 누구인지를 살피기 시작하였고, 그분들과 인연이 되어 지금까지 한국교회와 가교역할을 감당해오고 있습니다.

　이렇듯, 번역가가 얻는 첫 번째 이익은 남들보다 앞설 수 있다는 것입니다.

저자의 한 마디

　번역가는 항상 외국어로 된 좋은 서적이 있는지를 찾아봐야 합니다. 그런 의미에서 세계 기독교의 흐름을 보다 빠르게 파악한다는 장점이 있습니다. 물론 시장성 유무로 출판여부를 가리는 것이 출판업계이지만, 한국교회에 유익이 될 만한 서적이 있다면 시장성 유무를 떠나서 적극적으로 번역 및 발간해야 한다고 하는 것이 제 생각입니다. 출판사들이 이런 일에 앞장서지는 않지만, 번역가들이 적극 추천하면 무조건 거부하지도 않습니다. 사람은 책을 만들고 책은 사람을 만든다고 했는데, 우리 한국교회를 보다 성숙하게 만들 수 있는 좋은 책을 혹시 알고 계시는지요?

번역을 잘하면 탁월한 통역사가 될 수 있다

통역과 번역은 본질적으로는 같지만 연출 면에 있어서는 완전히 다릅니다. 통역은 '말'을 통해서 전달되지만, 번역은 '글'을 통해 전달되기 때문입니다. 통역은 사람들과 역동적으로 상호작용을 하지만, 번역은 일방적인 성격이 강합니다. 따라서 사람들 앞에 서는 것을 두려워하고 긴장하는 사람이라면 통역보다는 번역이 나을 것입니다.

그러나 연출을 염두에 두지 않고 본질적인 면을 고려한다면, 통역과 번역은 같습니다. 그러므로 번역을 잘하는 사람이 탁월한 통역사가 될 가능성이 그만큼 크다고 할 수 있습니다.

통역설교를 하는 것은 청소년기부터 가슴에 품었던 저의 꿈의 일부분이었습니다. 그러나 워낙 빠른 템포로 진행되는 설교를 통역할 생각을 하니 자신감이 없었습니다. 통역은 그만큼 순발력을 체화해야 하는 작업이기 때문입니다. 설교 테이프를 틀어놓고는 통역하는 시늉을 한 적도 한두 번이 아니었습니다. 그러나 돌아오는 것은 좌

절감 뿐이었습니다.

그러던 어느 날 번역을 시작하면서 이러한 두려움은 서서히 자신감으로 변하기 시작했습니다. 결국 강사목사님의 설교의 상당한 부분이 책의 내용과 일치한다는 것을 깨달았습니다. 과거를 돌이켜 볼 때에 번역을 하지 아니하였더라면 저의 사역이 통역설교라는 열매로 발전하지 못했을 것입니다.

사람마다 자신이 즐겨 사용하는 표현, 즉 독특한 어투가 있기 마련입니다. 글은 특성상 이러한 요소들이 상당히 배제되어 있다고는 하지만, 상당할 정도로 반영되어 있는 것도 사실입니다. 특별히, 저자가 자주 인용하는 숫자는 통역할 때 의외로 힘들 수도 있습니다.

하지만 책을 번역하면 향후 저자의 설교 및 세미나를 통역할 수 있는 기회가 주어지기도 하는데, 이때 통역사는 이미 번역가로서 설교자를 저자로 만난 경험이 있기 때문에 훨씬 수월하게 통역을 잘할 수 있습니다. 이미 알고 있는 내용을 통역하는 것과 전혀 새로운 메시지를 그때그때 바로 도착어로 내뱉는 일 사이에는 엄청난 격차가 존재합니다. 그러므로 통역의 비전을 갖고 있다면, 먼저 관심 있는 저자의 책을 번역할 것을 적극 추천합니다.

저자의 한 마디

번역과 통역은 자매입니다. 즉, 같으면서도 다르고, 다르면서도 같습니다. 번역가가 반드시 통역사가 된다는 법은 없지만, 번역을 하면 탁월한 통역사가 되는 길이 열립니다. 그러므로 통역사역에 뜻을 두고 있다면, 지금부터 한 권의 책을 번역해보는 것은 어떠실지요?

번역을 잘하면
탁월한 작가가 될 수 있다

번역이 저작과 다른 것은 저작은 순수 창작인 반면, 번역은 이미 기록된 문서를 도착어로 옮기는 작업이라는 점입니다. 따라서 번역가는 이런 고민을 하지 않습니다.

'어떤 주제로 글을 써야 할까?'
'목차의 설정을 어떻게 할 것인가'
'각 장마다 몇 페이지를 할애할 것인가',

이유인즉, 그저 원서에 나타난 그대로 옮기기만 하면 됩니다. 이 때문에 번역을 하다 보면, 자연스럽게 글을 쓰는 방법을 터득하게 됩니다. 이미 정해진 틀이 있으므로 여러 번 반복하여 글을 옮기다 되면, 결국에는 책의 구성을 자연스럽게 익히게 되므로 향후 자신의 책을 집필하는 데 큰 도움이 됩니다.

실제로 오늘의 수많은 유명 작가들을 보면, 처음에는 번역가로 시작했습니다. 대부분의 책을 쓰는 목회자나 평신도 지도자들이 역서 한 두 권 쯤 가지고 있다는 것은 결코 우연의 일치가 아닙니다.

저 역시 번역을 하다 보니 내 책을 쓰고 싶다는 소원이 생기게 되었고, 이것이 발전되어 글을 쓰는 사람이 되었습니다.

번역과 저작은 성격이 매우 다릅니다. 저작이 번역보다 까다로운 것은 저작은 아예 없는 것을 만들어내는 창작이기 때문입니다. 그러나 그렇다고 해서 전혀 연관성이 없는 것은 아닙니다. 번역 역시 글을 쓰는 것이므로 번역을 하다 보면 자연스럽게 탁월한 작가가 될 수 있습니다.

저자의 한 마디

번역은 순수 창작은 아니지만, 이를 위한 지름길을 제공합니다. 책을 집필하시는 목사님들이 처음에는 번역가로 문서사역을 시작했다는 것은 제가 발견한 공통점입니다. 번역을 하면 자연스럽게 책을 쓰는 법을 터득하게 됩니다. 이뿐 아니라, 글을 쓰는 사람으로서 인지도가 높아지는 것은 물론이고 번역가로서 번역료를 받고, 작가로서 인세를 받을 수 있으니 경제적으로도 조금이나마 보탬이 되겠지요?

제8장
아직도 할 일은 많다

우리나라말로 번역되는 책은 몇 퍼센트일까?
당신의 책을 외국어로 번역하라
자신만의 전문영역을 만들라

우리나라 말로 번역되는 책은
몇 퍼센트일까?

전 세계적으로 볼 때 하루에도 셀 수 없을 정도로 많은 양의 책들이 쏟아져 나오고 있습니다. 물론 기독교 서적도 예외는 아닙니다. 우리나라 기독교 출판사의 수도 약 170개 에 이르는데, 이는 결코 적은 수가 아닙니다. 그렇다면, 기독교 부문에서 하루에도 출간되는 신간이 얼마나 많을까요?

어느 자료에 따르면, 국내에서 번역되어 출간된 도서 수가 전체 출간 도서의 30%도 못 미친다고 합니다. 어떤 사람들은 일반 출판계에서 번역서의 비중이 너무 높다고 비평하기도 합니다. 그러나 어떤 연구결과에 보면, 현재 한국의 작가나 학자들의 80% 이상의 지식은 번역서에 의존한다고 하는 면에서 번역서의 비중은 높지 않다고 보는 것이 타당합니다.

이에 대한 어떤 연구결과가 있는 것은 아니지만, 영어권 뿐 아니라 전 세계에서 출간되는 기독교 서적 가운데 우리나라말로 번역되어 소개되는 책은 0.1%에도 못 미칠 것입니다.

물론 시장성 유무로 출간을 결정해야 하는 출판사의 입장에서 보면 어쩔 수 없는 일이겠지만, 한편으로는 기독교 서적 부문에서도 편식 현상이 나타난다는 것을 드러내기도 합니다.

국내의 목회자들이 책을 쓴다는 것은 환영할 일이지만, 그렇다고 해서 번역서의 비중이 낮다고 하는 것은 자랑할 일도 아닙니다. 이는 그만큼 편협한 사고에 갇혀 있다는 뜻밖에 되지 않기 때문입니다.

그러므로 번역서의 비중은 현재보다 높아져야 합니다. 신학을 공부할 때에도 느낀 것이지만, 주옥과도 같은 원서가 우리나라말로 번역되어 출간되지 않아 교수님들이 조교들을 통해 짜깁기식 번역을 하여 가르치는 것은 슬픈 현상이 아닐 수 없습니다. 그러므로 하나의 사역으로서 더 많은 '기독교 전문 번역가'들을 발굴해야 함은 두말 할 것도 없고, 번역을 대중화하여 통역설교는 목회자가 하되 책 번역은 모든 그리스도인들이 해야 할 사명이라고 봅니다.

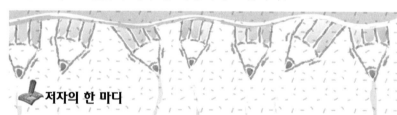

저자의 한 마디

편식 현상을 줄이는 방법은 보다 다양한 외국 서적들을 우리나라말로 옮겨 독자들로 하여금 보다 다양한 책들을 접하게 하는 길 밖에는 없습니다. 저의 경우, 하루에 1장 정도를 번역하는데, 2-3시간이면 충분합니다. 아무리 바쁜 스케줄이어도 1년에 1-2권의 역서 정도는 무리 없이 출간합니다. 결국 번역서에 의존하는 우리나라의 기독교 출판업계는 번역가들의 열정에 달려 있다고 해도 과언이 아닙니다.

당신의 책을 외국어로 번역하라

흔히들 번역이라고 하면 외국어를 우리말로 옮기는 것을 떠올립니다. 그러나 전문적인 의미에서 번역은 쌍방향으로 진행됩니다. 영어의 경우, 번역은 영어를 우리말로, 우리말을 영어로 옮기는 것이지요. 일반인들에게는 다소 생소하게 들릴지는 모르지만, '나는 영작에 소질이 부족하기 때문에 영어를 우리말로만 옮기는 전문가(?)입니다'라고 하는 말은 어불성설입니다.

또 다른 희귀한 현상은 어느 나라 말로 옮기느냐에 따라 대우가 달라진다는 것입니다. 즉, 영어로 옮기는 것은 비용이 보다 비싸고 우리말로 옮기는 것은 보다 저렴한데, 전문가의 입장에서 봤을 때 이런 일은 바람직하지 못합니다. 소위 말하는 '일방통행' 번역가는 전문가가 아닙니다.

우리가 외국의 문헌을 수입하는 것에 그친다면, 한국교회는 결단코 세계화 될 수 없습니다. 한국교회가 세계교회 가운데 더욱 인정을 받기 위해서는 우리의 책을 외국어로 번역하는 길밖에 없습니다.

한국교회는 세계가 주목하는 교회성장을 이루어냈습니다. 단기간 내에 기독교 인구가 25%로 증가했다는 것은 세계 어디에도 찾아볼 수 없는 유례없는 역사적인 사건입니다. 그러나 그에 반하여 외국어로 된 우리글이 의외로 없습니다. 만일의 경우, 있다 손치더라도 영어로 번역된 것이 전부입니다.

하나님께서는 저에게 스페인어권에 대한 사명을 주셨기에 이들을 위한 글을 쓰는 데 주력하고 있습니다. 이를 위해 저는 그 동안 남미 크리스천들에 의해 가장 모범적인 목회자라고 평가받고 있는 조용기 목사님의 서적들을 거의 전담하다시피 하여 시장에 출간된 25권 중 절반 이상을 번역해오고 있습니다.

또한 직접 책을 집필하는 것에 도전하여 몇 년 전에는 『El Principio de la Cuarta Dimension』을 출간한 경험이 있습니다. 자랑할 것은 아니지만, 어떻게 하다 보니 스페인어권에서는 조용기 목사님 이래 한국인으로서는 최초로 책을 내는 기독교 작가로서 인정을 받기도 했습니다. 너무나도 신기한 나머지 인터넷에 한국인 목회자가 쓴 기독교 부문에 스페인어로 된 책이 없나 해서 검색해 보았더니 정말이지 아무도 없었습니다.

이것은 위기이기는 하지만 동시에 기회이기도 합니다. 물론 외국의 기독교 출판사들은 의외로 까다로울 수도 있습니다. 그래서 어떤 분들은 일반적인 경로를 통해 출판하지 않고 자비출판하여 무료로 배포하는 경우가 있기도 합니다. 그러나 이 경우에는 홍보에서부터 시작하여 공식적으로 책이 등록이 되지 않기 때문에 현지 기독교계에서 인정을 받지 못합니다. 기왕이면 현지에서 공식적으로 활동하고 있는 검증된 출판사에 원고를 의뢰하여 객관적인 가능성을 점검받는 게 좋습니다.

많은 국내의 목회자들이 저에게 자신의 책을 스페인어로 번역하여 내고 싶다고 말합니다. 그러나 출간시장이 보다 협소하고 까다로운 외국의 경우 웬만한 원고를 가지고서는 거절당하기 일쑤입니다.

최근 본 신문기사에 의하면, 한국의 기아자동차(Kia Motors)가 세계에서 진정으로 인정을 받으려면 최상급 전통을 가진 유럽 자동차의 고급스러움 뿐만 아니라 동양적인 우리나라만의 세련미는 물론, 가격 차별화로 충분한 경쟁력을 갖추어야 치열한 경쟁에서 살아남을 수 있다고 합니다.

많은 선교사님들이 제 3세계의 선교지 현황을 과소평가하는 경향이 있어 자신이 저술한 책이 거절당하지 않고 무조건 출판될 것이라고 생각합니다. 그러나 전 세계의 유명 목회자들의 저서들을 동시에 취급하는 현지 출판사들은 시장성으로 볼 때 한국의 무명의 목회자의 글에는 별로 관심을 갖지 않습니다.

그러므로 나의 관점에서 생각할 것이 아니라, 현지 시각에서 나의 원고를 바라볼 줄 아는 시각이 요구됩니다. 해외의 기독교인들이 관심을 가질 만한 독특한 원고를 출판사들이 무조건 외면할 리는 없습니다.

또한 많은 분들이 무조건 영어권을 고집하시는데, 일본어, 중국어, 독일어, 불어, 스페인어의 영향력은 가면 갈수록 확대되고 있습니다. 지금은 지구촌 시대이기 때문에 어떤 언어로 출간이 됐든지 간에 탁월하다고 평가되는 책은 순식간에 다른 나라말로 번역되어 출간됩니다. 지금도 전 세계의 각 출판사들은 좋은 책이 어디 없나 하며 번역을 고려하여 찾고 있습니다.

저는 우리나라의 주옥과 같은 수많은 책들이 해외로 수출되지 않는 암울한 현실을 볼 때마다 목회자로서 가슴이 아픕니다. 번역에 종사하는 한 사람으로서 책이 가하는 임팩트를 알고 있기에 저는 당신의 책을 외국어로 번역하라고 강력하게 권하고 싶습니다.

당신의 책을 외국어로 번역하는 일, 그것은 한국교회가 세계화로 가는 지름길입니다.

저자의 한 마디

결국 기독교 번역은 우리나라 상황만을 고려한 사역이 아닙니다. 번역의 특성상 글로벌 사역이 되는 것이지요. 국내의 수많은 책들 중에서도 세계교회에 유익이 된다는 확신이 선다면, 현지 출판사와 접촉하여 출간을 의뢰하는 방법이 있습니다. 자비출판은 자기만족을 줄 수는 있어도 선교현장의 입장에서 볼 때에는 큰 영향력을 끼칠 확률이 현저히 떨어지므로 권하지 않습니다. 세계교회는 우리를 알고 싶어한다는 사실을 꼭 기억하시기 바랍니다.

자신만의 전문영역을 만들라

21세기의 화두는 전문직의 세분화 현상입니다. 이제야 '기독교 전문 번역가'시대가 도래했지만, 앞으로는 언어별로 전문가가 있을 것으로 전망됩니다. 영어-한국어, 한국어-영어 번역이 차지하는 비율은 지나칠 수 없을 정도로 높지만, 앞으로는 제2의 외국어 시대가 올 것입니다.

전 세계의 기독교 흐름을 보면 이런 전망이 빗나가지 않음을 눈치챌 수 있습니다. 몇십 년 전 까지만 해도 기독교는 서구 중심으로 움직였습니다. 그러나 서구의 교회가 쇠퇴하고 이제는 그 무게 중심이 라틴 아메리카, 아프리카, 그리고 아시아로 이동했습니다.

20세기 초반에는 유럽인들이 세계 기독교 인구의 71%를 차지하였지만, 20세기 말에는 28%로 감소했다는 연구발표가 있습니다.

이는 영어의 중요성을 인정하면서도 제 2의 외국어의 두드러진 영향력을 다시 한번 생각하게 하는 데이터가 아닐 수 없습니다. 쉽게 말해, 교회성장과 성령의 역사가 비서구에서 나타나면 나타날수록 현지 언어에 대한 중요성은 더욱 더 부각될 것이라는 의미입니다.

저는 스페인어-한국어, 한국어-스페인어, 그것도 기독교 서적만을 번역하는 사람입니다. 그런데 그 시장은 아직도 개발되지 않은 것이 너무나도 많기에 할 일이 너무나도 많습니다. 앞으로는 자신만의 전문 영역을 만들지 않으면 번역가로서 성공할 수 없습니다. 그러므로 높은 고지에 이르려면 영어는 기본으로 하되, 제 2의 외국어로 자신만의 전문영역을 만드십시오.

기독교 번역시장은 아직까지 개발할 것이 너무나도 많은 미개척 영역입니다. 더욱이 제 2의 외국어를 포함하여 국내외의 서적을 쌍방향으로 번역한다면, 더욱 더 그렇습니다. 자신만의 전문영역을 만드는 것, 이것은 성공적인 번역가가 되는 최상의 선택입니다.

저자의 한 마디

앞으로 영어는 기본이고, 제 2의 외국어를 해야 번역가로서 성공할 수 있습니다. 특별히 전 세계적으로 볼 때 어디에서 부흥이 일어나고 있는지를 주목하십시오. 부흥은 곧 문서로 발전하기 때문에 부흥의 현장을 가까이 하는 것이 기독교 번역가로서 성공하는 비결입니다. 언어마다 번역료도 다릅니다. 영어를 우리말로 옮기는 것보다 우리말을 영어로 옮기는 것이 더 단가가 높은 것은 물론이고, 저와 같이 한국어를 스페인어로 옮기는 것은 현지 출판사들의 입장에서 볼 때 다소 희귀한 경우이기 때문에 단가가 다른 언어에 비해 조금 더 높습니다.

제 9장
통역은 이렇게 하라

통역설교는 순차통역이다
번역을 잘하면 통역도 잘할 수 있다

통역설교는 순차통역이다

이제는 번역을 접어두고 통역에 관해서 말씀드리겠습니다. 일반인들은 번역과 통역은 전혀 다를 바가 없다고 생각하는데, 이 둘은 엄연히 구분됩니다. '통역은 역동성을 요구하는 하나의 기술'이라고 한다면, '번역은 상상력을 필요로 하는 하나의 예술'이라고 정의할 수 있습니다.

그렇다고 해서 전혀 연관성이 없다고 말할 수도 없는 노릇입니다. 왜냐하면, 통번역은 뗄래야 뗄 수 없는 짝을 이루기 때문에 그렇습니다. 즉, 번역을 하는 사람이라면 당연히 통역도 무난히 해낼 것을 기대하는 셈이지요. 따라서 번역으로 만족할 것이 아니라 통역사역에도 뛰어들 것을 권하고 싶습니다. 통역에는 번역이 제공할 수 없는 묘미가 있습니다.

통역은 크게 두 가지로 구분됩니다. 바로 동시통역과 순차통역입니다. 동시통역(simultaneous interpretation)은 설교자의 메시지를 들

음과 동시에 통역하는 행위이고, 순차통역(consecutive interpretation)
은 설교자가 먼저 말을 하고 통역사가 옆에서 마치 자신이 설교하듯
이 메시지를 도착어로 전달하는 행위입니다.

그러므로 엄밀한 의미에서 본다면, 우리가 흔히 강단에서 보는 통
역설교는 순차통역이라고 할 수 있습니다. 또한 이를 혼동할 수 없는
것은 동시통역은 반드시 부스(booth) 안에서 이루어지는 반면, 순차
통역은 강단에서 진행되기 때문입니다.

좀 더 전문적인 이야기를 하자면, 통역설교는 순차통역이 아닙니
다. 왜냐하면, 일반 통역계에서 순차통역이라고 할 때 연사가 3-4
분 가량 발언하는 것을 옆에서 통역사가 유심히 듣고 필요한 경우에
는 메모를 했다가 자기 차례가 되었을 때 그만큼의 분량을 도착어로
말하는 것을 가리키기 때문입니다.

그만큼 통역설교는 순차통역이면서도 순차통역이라고 정의할 수
없는 독특한 전문적인 또 다른 하나의 영역이라고 할 수 있습니다.
성경에 보면, 요셉의 형들이 기근을 맞아 곡식을 구하기 위해 애굽에
내려가서 자신의 친동생 앞에 이르렀을 때 그들이 요셉 앞에서 엎드
려 절한 모습이 묘사됩니다. 그런데 형들이 요셉을 알아보지 못한 이
유는 복장 때문만이 아니었을 것입니다.

"그들 사이에 통역을 세웠으므로 그들은 요셉이 듣는 줄을 알지 못
하였더라"(창 42:23).

즉, 통역사가 있었기 때문에 말이 오갔던 것입니다. 이와 마찬가
지로, 수천 년이 지난 오늘날에도 국제화 시대를 맞이한 한국교회가

세계선교를 이루기 위해서는 통번역의 중요성이 대두되어야만 합니다. 한 마디로, 통역설교는 그 어떤 사역과도 비교될 수 없는 유일무이한 귀중한 사역입니다.

저자의 한 마디

　번역을 잘하는 사람이 반드시 통역을 잘하는 것은 아니지만, 번역을 잘하면 통역을 잘할 확률이 굉장히 높습니다. 세계선교는 언어로 이루어진다는 점을 감안할 때 우리나라에는 많은 기독교 통역사역자들이 배출되어야 합니다. 통역설교를 잘하는 비결 중의 하나는 관련 동영상을 많이 시청함으로써 간접 경험을 쌓는 것입니다. 아무래도 통역설교는 경험이거든요.

번역을 잘하면 통역도 잘할 수 있다

저는 언젠가 조용기 목사님의 설교 테이프를 틀어 놓고 통역하는 시늉을 한 적이 있습니다. 그런데 너무나도 빠른 속도로 진행되는 설교를 결코 따라잡을 수 없다고 판단하여 크게 실망한 적이 있습니다.

이는 비단 저만의 경험이 아닐 것입니다.

"혹시 못 알아들으면 어떻게 하지요?"

"쉬지 않고 통역을 해야 되는데 혹시라도 막히면 부끄러워서 어떡해요?"

"번역은 틀리면 고치면 그만인데, 통역은 수정하지도 못하잖아요. 아무래도 자신이 없어요."

의외로 외국어를 꽤나 잘한다는 사람들의 말입니다. 더욱이 한국교회의 형편상 통역설교는 전문사역자에게 맡기기보다는 외국어 감각이 있는 부교역자 혹은 평신도 지도자들을 의존하는 성향이 강하기 때문에 전문적인 입장이 아닌 일반인의 입장에서 저는 다음과 같은 순서로 통역사역을 준비할 것을 말씀드리고 싶습니다.

1. 설교를 받아쓰라

요즘은 IT, 즉 정보기술의 시대이기 때문에 인터넷의 발달은 우리의 일상생활을 뒤바꾸어 놓았습니다. 이런 사회적인 현상은 교회에도 예외가 아니어서 요즘은 인터넷으로도 얼마든지 외국어로 설교를 들을 수 있는 시대가 도래했습니다.

그러므로 통역의뢰가 들어오자마자 통역사가 가장 먼저 해야 할 일은 설교자에게 시청각 자료를 요구하는 것입니다. 대개의 경우 해외집회의 경험이 있는 강사들은 자신의 메시지가 도착어로 통역이 잘 되는지에 대한 관심이 의외로 높습니다. 그 때문에 주최측 혹은 통역사가 시청각 자료를 요구하는 것이 실례로 오인될 요지가 전혀 없습니다.

동영상을 보면서 문장 하나하나 토씨 하나 틀리지 않고 설교문을 받아 적으십시오. 이는 굉장히 고된 작업이 될 수 있습니다. 그러나 좋은 아이디어가 떠오를 때마다 그것을 머릿속으로 간직하는 것과 메모해두는 것에 큰 차이가 있듯이 설교는 듣는 것과 받아쓰는 것은 엄청난 차이가 있습니다.

시청각 자료를 이용하여 설교를 받아쓰면 설교자의 특이한 어투, 즐겨 인용하는 성구, 더 나아가 제스처까지 관찰할 수 있다는 점이 큰 유익이 됩니다.

2. 원고를 번역하라

출발어로 받아쓴 원고가 완성되면 다음 단계로는 원고를 도착어로 번역하는 일을 해야 합니다. 많은 사람들이 번역은 잘 하는데 통역에는 자신이 없어 하는 가장 주된 이유는 순발력 때문입니다. 즉, 바로 옆에서 말하는 것을 도착어로 머릿속으로 '번역'하고 입으로 '통역'하는 일이 버겁다는 것입니다.

그러나 출발어로 된 원고가 있다면 도착어로 번역하는 일에는 그다지 큰 어려움을 느끼지 않을 것입니다. 오히려 충분한 시간을 할애하여 심지어 문법적으로 앞뒤가 맞지 않는 출발어 문장까지 끄집어낼 수 있을 정도일 것입니다.

번역할 때에는 이 책에서 습득한 모든 지식을 활용하여 번역에 임하기를 부탁드립니다. 즉, 문장마다 정성을 들여 '이런 말을 우리나라 사람들은 어떻게 표현할까?'라고 하는 질문을 끊임없이 스스로에게 던지면서 번역을 하다보면 적합한 표현양식이 떠오르기 마련입니다. 이렇듯 번역의 장점은 충분한 시간을 갖고 도착어로 옮긴다는 데 있습니다.

3. 원고를 외우라

설교문을 출발어로 받아쓰고 도착어로 번역되었다면 이제부터는 도착어로 된 번역문을 외워야 합니다. '결국에 설교자가 외국어로 말할 텐데 우리나라 말로 무엇 때문에 원고를 외우라고 하는지 모르겠습니다.'라고 생각하시는 분들도 더러 있을 줄로 압니다. 그러나 중요한 것은 우리가 막상 강단에 올라서서 말해야 될 언어는 출발어가 아닌 도착어라고 하는 데 있습니다.

그러므로 도착어로 번역된 원고를 소리내어 읽고 또 읽으면 어색한 문장, 잘못된 어휘, 적절하지 않은 표현양식까지 수정할 수 있는 장점이 있습니다.

아무리 초보자라고 할지라도 앞서 말씀드린 3단계를 이용하여 성실히 준비만 한다면 당신은 틀림없이 통역사로서도 귀하게 쓰임받을 수 있습니다.

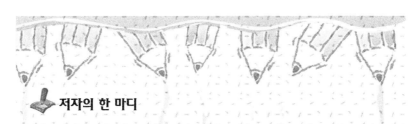

저자의 한 마디

번역과 통역은 최고의 강단입니다. 한국교회가 세계선교에 귀하게 쓰임받기 위해서는 앞으로 통역사역자들과 기독교 전문 번역가들을 발굴하는 데 힘써야 할 것입니다. 당신이 전문 출판인이 아니더라도 이를 위해 지금 있는 그 자리에서 할 수 있는 일은 무엇일까요?

저자 후기

몇 년 전에 조용기 목사님께서 어느 한 책을 소개하시면서 강단에서 이렇게 말씀하신 기억이 납니다.

"제가 이 책을 번역하고 있는 중인데요."

'수백 권의 책을 집필하시고 은퇴를 앞두신 교계의 어르신이 어울리지 않게 직접 '번역'을 하고 계신다니?'

비단 이것은 저 혼자만의 생각은 아니었을 것입니다. 처음에는 '설마' 했었는데, 실제로 몇 주 안 있어 조 목사님이 역자로 소개된 책 『천국은 확실히 있다』(서울말씀사)가 출간되었습니다.

번역은 그만큼 중요합니다. '발명가가 없으면 발명품도 없다'는 말이 있는데, 저는 이 논리가 번역에도 얼마든지 적용된다고 생각합니다. 즉, 번역가가 없으면 번역서도 없습니다. 아무리 원서를 막힘없이 독해하는 사람들이 증가한다 해도 번역을 대신하지는 못할 것입니다.

기독교의 본질은 하나님의 말씀입니다. 우리는 말씀의 하나님을 믿고 있습니다. 말씀은 인간의 언어, 즉 말과 글이라는 형태로 표현됩니다. 통번역이 중요한 것은 이 때문입니다.

지금으로부터 130년 전에 우리나라에 복음은 '번역'이라는 경로를 통해 들어왔습니다.

당신이 이 책을 읽는 이유는 현재 번역에 종사하고 있거나 외국어, 더 나아가 번역에 관심이 있기 때문일 것입니다. 저는 당신께 힘을 실어 주고 싶습니다. 주님은 번역가들을 귀하게 쓰시는 분이심에 틀림없습니다.

경험이 없더라도 뜻을 두고 하다 보면 자신만의 '번역관'이 생기게 마련입니다. 이는 둘도 없는 소중한 것으로서 앞으로 당신이 탁월한 번역가가 되는 길에 밑거름이 될 것입니다. 이 책은 결국 저의 번역관을 담고 있다고 할 수 있습니다.

개인적으로 자주 듣는 말 중의 하나가 "언제 이런 일을 다 하셨어요?"입니다. 저는 번역만 하는 전문 번역가가 아니고 목회자이기 때문에 시간을 쪼개어 번역을 한다는 것은 결코 쉬운 일이 아닙니다. 번역은 고도의 집중력을 요하는 작업이기 때문입니다.

그러나 저는 할 수 있는 한 한국교회와 세계교회의 가교역할을 하기 위해 오늘도 문서사역을 기쁨으로 감당하고 있습니다. 하나님께서 주신 귀한 사명이기에 때로는 역자의 신분 특성상 사람들이 알아주지 않더라도 개의치 않습니다. 암울한 번역료의 현실도 장애물이 될 수 없습니다. 개인차가 있겠지만 하루에 1장만 번역해도 한 달이면 한 권이 완성됩니다. 그리고 역서가 출간되어 만민의 손에 놓일 것을 생각할 때 느끼는 기쁨이란 말로 표현할 수 없습니다.

　그러므로 당신도 번역에 도전하는 그리스도인이 되십시오. 그리고 번역가로서의 부르심을 받았다면 자긍심을 갖고 사역자의 자세로 일하십시오. 지금은 기독교 전문 번역가의 시대입니다. 기독교 번역, 당신도 할 수 있습니다.